Working for the New Order

European Business under German Domination, 1939-1945

Working for the New Order

European Business under German Domination, 1939-1945

Joachim Lund (ed.)

University Press of Southern Denmark
Copenhagen Business School Press

Printed by Special-Trykkeriet · Byens Tryk a-s
Cover by: Anne Charlotte Mouret, Unisats ApS
Cover Photo: Built in 1936 at the B&W Shipyards in Copenhagen, the M/S Hammershus was operating the route between Copenhagen and Rønne on the Danish island of Bornholm in the Baltic, when on April 8, 1940 – the day before the German occupation of Denmark – it hit a mine in the Øre Sound. Salvaged and repaired, the German *Kriegsmarine* took possession of the ship in January 1944, using it as a submarine mothership until the end of the war under the name of BUEA. In May 1945, it was retrieved in the inlet of Flensburg in northern Germany, where Allied Forces seized it and subsequently used it for troop transport. In 1946, M/S Hammershus was returned to its original owners and again operated between Copenhagen and Rønne until 1963, when the Danish Navy purchased it. M/S Hammershus was sold and broken up in 1976.
The Royal Library, Copenhagen

ISBN 13: 978-8-763001-86-1

Published with support from:
Landsdommer V. Gieses Legat
Copenhagen Business School Press
G.E.C. Gads Fond
Den Hielmstierne-Rosencroneske Stiftelse
Danish Research Agency

University Press of Southern Denmark
www.universitypress.dk

Copenhagen Business School Press
www.cbspress.dk

Distribution:
North America
Copenhagen Business School Press
Books International Inc.
P.O. Box 605
Herndon, VA 20172-0605, USA
Phone: +1 703 661 1500, fax: +1 703 661 1501

Rest of the World
Marston Book Services, P.O. Box 269
Abingdon, Oxfordshire, OX14 4YN, UK
Phone: +44 (0) 1235 465500, fax: +44 (0) 1235 465555
E-mail Direct Customers: direct.order@marston.co.uk
E-mail Booksellers: trade.order@marston.co.uk

Contents

Damned if you do – damned if you don't

The Collaboration Dilemma in Business during War and under Dictatorship

Joachim Lund

In May 2002, the Copenhagen Business School hosted an international workshop entitled "European Business under German Domination, 1939-1945", with funding from a grant from the Copenhagen Business School. During the course of the workshop, economic historians from a range of European countries presented their recent findings and discussed their implications for further research.

This book is a result of their efforts. It is published at a moment when business, business environments and the conditions of war and dictatorship are increasingly debated. 'Corporate social responsibility' is a much-discussed issue in research as well as part of the public agenda. International corporations' involvement in third world social problems, the environment and dictatorial regimes are surveyed, and ethically correct behaviour is increasingly becoming a part of corporate *branding*.[1]

Business behaviour in the past is also being investigated. In 1999, the German government established a fund in cooperation with the business community in order to compensate survivors of the Nazi regime's forced labour programme.[2] At the same time, historical research on the Second World War has increasingly focused its attention on the response of European societies to the German policy of occupation. Several international research projects have been launched, throwing more light on the topic from a comparative angle. The ongoing European Science Foundation research programme *The Impact*

1. Berghoff, Hartmut 2004, *Moderne Unternehmensgeschichte*. Paderborn: Ferdinand Schöningh, pp. 163-72.
2. Spoerer, Mark 2001, 'Zwangsarbeit im Dritten Reich und Entschädigung: ein Überblick', in: Barwig, Klaus/Dieter R. Bauer/Karl-Joseph Hummel (Hrsg.) 2001, *Zwangsarbeit in der Kirche. Entschädigung, Versöhnung und historische Aufarbeitung.* Hohenheimer Protokolle 56. Stuttgart: Akademie der Diözese Rottenburg, pp. 15-46.

of National Socialist and Fascist Rule in Europe, 1938-1945 will include publications on the economic development of the occupied European countries. In Denmark, a research project based at the Copenhagen Business School is uncovering the collaboration of the country's industry, agriculture, and fishing industry with Germany. The 2002 workshop on "European Business under German Domination, 1939-1945" was organized in connection with this project. Furthermore, The Society for European Business History has held a series of workshops resulting in two recent publications: the first is concerned with conditions of enterprise under the fascist regimes in Europe and the most recent one deals with business and the political risk posed by dictatorial regimes in a wider sense. Both publications have a long-term time perspective, covering the period 1920-1945.[3]

The present book attempts to narrow the business perspective and to focus attention on precisely the conditions of industry during the Second World War and the period of German military and political dominance in continental Europe. The point of departure is: before the war and occupation, political risk (or uncertainty) was primarily a condition to be reckoned with when engaging in business relations with a dictatorial regime; during the war political risk often worked the other way around: now it was very much about the risks involved when *not* dealing with the German power. Since the emergence of the nation state in the 19th century, trading with the enemy has been considered a major violation of moral laws and even, at times, viewed as a criminal offence. In the 20th century, war became increasingly total in the sense that it included every aspect of the societies involved and dramatically changed conditions of everyday life. Occupation, too, became total. The growth of industry and international division of labour had lead to an increasing dependence of the industrial state on foreign markets, and, subsequently, economic vulnerability grew. When the Second World War finally broke out and as a number of European countries came under German military and political hegemony, the coherence of European industry was sorely tested. Gradually, the dilemma came to the forefront: should industry cooperate with the dominant power in order to safeguard its own assets and protect the stability of its own country? In the beginning, at the height of German military power, there was no real doubt among political and economic decision makers that one had to

3. James, Harold/Jakob Tanner (eds.): *Enterprise in the Period of Fascism in Europe.* Aldershot: Ashgate 2002; Kobrak, Christopher/Per H. Hansen (eds.): *European Business, Dictatorship, and Political Risk, 1920-1945.* New York: Berghahn Books 2004.

cooperate, and that cooperation served national interests as well as German. However as the war dragged on and allied victory emerged as an option, national interests changed, and soon cooperation was merely a question of individual or company economic interests.

In almost every country in Europe that became directly dependent of Nazi Germany, the question of economic cooperation has been a subject for public debate in recent years. Cooperation (or collaboration) was a widespread phenomenon and a perfectly normal reaction to the German occupation. Gradually, smaller or greater parts of the occupied population questioned it, and today, European cooperation with Nazi Germany is condemned on a wide scale; paying perhaps lesser attention to the fact that morally or politically correct behaviour was never a free choice, but would always have dire consequences, not only for those who made the decisions but for their surroundings as well.

In this situation, comparative analyses are more necessary than ever. Over the years, an abundance of facts have been established concerning the conditions of industry and private enterprise in German occupied countries and territories. But we need to be able to establish if there was a general pattern in the adaptation of business to German hegemony, and what factors determined such a pattern. Did the local structure of industry exert any influence on the level of adaptation? What part did German occupation policy play? To what extent did the level of political collaboration, visible in every occupied area, determine adaptation? Were there any motives for collaborating – other than economic? To what extent did business life actually collaborate, willingly or unwillingly? And to what effect?

This book, and the workshop out of which it grew, has tried to put together contributions on a wide range of European countries under German dominance. The articles of course reflect the state of research, thus pointing to the fact that not every occupied country has yet received the same amount of attention among contemporary historians. They also point out – as will appear to the reader – that no consensus has (yet?) been achieved when it comes to interpreting German occupation politics during the Second World War and the response of the occupied societies, which is what drives research ahead, we must add. In editing the volume, one aim has been to show and make clear these differences of opinion.

In an introductory chapter, two leading German war and economic historians address the continuing debate about Germany's war aims and means. Summarizing his vast and lifelong research in the field, *Dietrich Eichholtz* provides an overview of the German plans for a European New Order and their implementation in the occupied territories, focussing on two major themes in German occupation policy: the quests for oil and labour. *Harm G. Schröter* then takes us directly to the crucial question concerning the relationship between ideology and pragmatism in German occupation politics, using Norway and Denmark as examples. Starting from the nature and structure of Nazi occupation politics, Schröter investigates industry's room for manoeuvring and suggests, contrary to many interpretations, that due to a more coherent Nazi policy in Scandinavia, business freedom of action was more constrained there than in, for example, France.

In Western and Northern Europe, a certain degree of pragmatism in German occupation politics prevailed. *Hein Klemann* shows how in the Netherlands the German policy of placing orders with Dutch industry brought about a virtual booming economy, which was only replaced by recession in the later stages of the war because of a shortage of raw materials, deportations of workers and a tightened German policy. *Dirk Luyten* in his article on the politics of the Belgian elite gives us an insight into the extraordinary work accomplished by the Galopin Committee, which provided a line of conduct for industry during enemy occupation and at the same time made its way into the political scene, taking over important public tasks. In his article on France, *Hervé Joly* concludes that large parts of French industry profited greatly from the industrial collaboration with Germany because of a stabile German demand for French products and a reduction of foreign competition. In addition, and contrary to other occupied countries, the official anti Semitic stance of the Vichy regime and the resulting "aryanizations" also benefited parts of big business.

In continuation of Schröters rejection of large-scale German New Order undertakings in Scandinavia, *Robert Bohn*, in his article on Norway, finds more evidence of improvisation and pragmatism in German occupation politics. The case of I.G. Farben and Norsk Hydro, however, shows the anxiousness of German corporations when it came to controlling key parts of Norwegian industry. The article by the editor on Denmark concerns itself with different approaches of the business elite to the challenge German occupation and the retention of domestic political authorities posed, and the article by *Martin Fritz* on Sweden illustrates how countries and industries within the borders of the German *Grossraumwirtschaft*, occupied or not, had to deal with the fact that continental Europe made up the only import and export market.

The articles by Pelt and Sanders exemplify how, on different levels, Eastern and South Eastern Europe differed from the Western and Northern European experience. *Mogens Pelt*, in his article on Greece, follows particular German interests and political aims when infiltrating and controlling crucial Greek industries. In addition the article by *Paul Sanders* serves as a reminder that Nazi ideology and German occupation politics at their toughest left virtually no room for private enterprise, unless it directly served German requirements. Here, private initiative was about day-to-day survival.

In his closing remarks, *Per H. Hansen* sums up, adding his personal reflections on the nature of historical research when it comes to morally challenging themes like industrial collaboration or co-operation during the Second World War, and suggesting some future fields of research.

I would like to thank the contributors for their hard work and their patience. I would also like to thank those who joined the workshop and took part in the lively discussions as well as my colleagues at the Centre for Business History and Centre for European Cultural Studies at the Copenhagen Business School for their support. Last but not least, thanks to those who have secured the economic flank of this book: The Copenhagen Business School, the Danish Research Agency, G.E.C. GADs Fond, Landsdommer V. Gieses Legat, and Den Hielmstierne-Rosencroneske Stiftelse.

The book is published by the University of Southern Denmark Press and CBS Press.

Die "Neuordnung" des europäischen "Großwirtschaftsraumes"

Deutsche Pläne und Realität

Dietrich Eichholtz

"Großwirtschaftsraum", eine vom Geopolitischen ins Wirtschaftliche übersetzte Vorstellung, war von Anfang an keine friedfertige Idee. Im Ersten Weltkrieg stellten sich Leute wie Walter Rathenau darunter das vor, was aus dem Krieg herauskommen sollte: Eine unter deutsch-österreichischer Führung stehende Zoll- und Wirtschaftsgemeinschaft, die große Teile Europas umfaßte und die in Krieg und Frieden den konkurrierenden großen Wirtschaftsregionen – d. h. in erster Linie dem britischen Weltreich und den USA – gewachsen oder überlegen sein sollte. August Thyssen hatte 1914 ein deutsch kontrolliertes Wirtschaftsgebiet vor Augen, das vom Pas de Calais bis zum Kaukasus reichte.[1] 1931 sprach Carl Duisberg ganz ähnlich von einem "geschlossenen Wirtschaftsblock von Bordeaux bis Odessa"[2] (in späterer Druckfassung zurückgenommen: "bis Sofia"). Südosteuropa und Teile Nordeuropas waren meist inbegriffen. In der gesamten Zwischenkriegszeit blieb derartiges Gedankengut als wichtiger Bestandteil des deutschen Revisionismus virulent, besonders in der "Mitteleuropa"bewegung.[3] Im Ersten Weltkrieg und auch davor und danach, also vor Hitler und unabhängig von Hitler, war und blieb in der deutschen Gesellschaft expansionistisches Gedankengut lebendig, das sich in "Lebensraum"- und anderen Forderungen und Plänen geopolitischer Natur niederschlug, in rassen- und siedlungspolitischen Vorstellungen, in wirtschaftspolitischen Zielsetzungen und, nach 1917/19, in Revanchismus und Antibolschewismus.

1. Nach wie vor grundlegend zu den Kriegszielen im Ersten Weltkrieg Fritz Fischer, Griff nach der Weltmacht. Die Kriegszielpolitik des kaiserlichen Deutschlands 1914/18, Düsseldorf 1964 (3., verbess. Aufl.); hier S. 90 ff.
2. Berliner Börsen-Courier, 25. 3. 1931.
3. Siehe hierzu (mit Lücken) Jürgen Elvert, Mitteleuropa! Deutsche Pläne zur europäischen Neuordnung (1918-1945), Stuttgart 1999.

Durchaus falsch, aber bis heute im öffentlichen Bewußtsein verwurzelt ist die Auffassung, daß die deutschen Eliten in "Hitlers Krieg" gewissermaßen hineingeschlittert seien, d. h. mehr oder weniger unwissend oder unwillig in ihn hineingezogen wurden – so, wie es der Masse der Bevölkerung geschah. In Wirklichkeit gab es einen weitgehenden grundsätzlichen Konsens zwischen den Zielen Hitlers und den Expansions- und Kriegszielen der Eliten, deren Zielvorstellungen allermeist schon aus der Zeit vor Hitler datierten. Es handelte sich dabei hauptsächlich um

– die Liquidierung von Versailles und die Rückgewinnung alles nach den Ersten Weltkrieg Verlorenen, einschließlich eines deutschen Kolonialreiches,
– die Erreichung der Kriegsziele aus dem Ersten Weltkrieg, jetzt unter Begriffen wie "Großdeutschland", "Großwirtschaftsraum", "Neuordnung",
– die Ostexpansion und die Vernichtung der UdSSR.

Jedes dieser Ziele war nur unter höchstem Kriegsrisiko anzusteuern. Die Annäherung der deutschen Eliten (Großkapital, Militärs, hohe Bürokratie) und der Hitlerpartei auf der Basis dieses Konsenses war ein keineswegs einfacher, geradliniger Prozeß. Eines seiner Hauptprobleme war die Nazifizierung des deutschen Großkapitals. Dieser Prozeß umfaßte die wachsende Affinität des Großkapitals zur NS-Bewegung und NS-Partei, seinen Beitrag zur Inthronisierung des Naziregimes, seine immer engere Zusammenarbeit mit ihm und schließlich seine vollständige Integrierung in die NS-Diktatur. Er nahm seit 1932/33 einen forcierten Verlauf und führte schließlich zur "Neuordnung Europas" und nach Auschwitz. In der Forschung ist er jahrzehntelang vernachlässigt worden und bis heute ein umstrittenes Gebiet geblieben.[4]

In der NS-Diktatur verband sich die Begrifflichkeit des "Großwirtschaftsraumes" mit der offenen Aufrüstung und dem unbedingten deutschen Vorherrschaftsanspruch in einem "neugeordneten" Europa. Im Umfeld des "Vierjahresplanes", d. h. Hermann Görings und seiner industriellen Berater, nahm sie die Gestalt sehr konkreter Pläne für eine "Großraumwehrwirtschaft" an, die, soweit möglich, schon vor dem binnen kurzem erwarteten großen Krieg und für eben diesen Krieg eingerichtet werden sollte. Die

4. Eine Skizze dieses Prozesses in Dietrich Eichholtz, Der Weg nach Auschwitz. Stationen der Nazifizierung des deutschen Großkapitals. In: Manfred Weißbecker/Reinhard Kühnl/Erika Schwarz (Hg.), Rassismus, Faschismus, Antifaschismus. Forschungen und Betrachtungen. Gewidmet Kurt Pätzold zum 70. Geburtstag, Köln 2000, S. 112 ff.

grundsätzlichen Pläne für eine solche "Großraumwehrwirtschaft" stammten von den in der Vierjahresplanorganisation tätigen führenden Vertretern des IG-Farben-Konzerns und belegen in besonders einleuchtender Weise, wie die deutsche Wirtschaftselite[5] sich maßgebend und mit strategischer Klarheit an der unmittelbaren Kriegsvorbereitung beteiligte und wie eng – bei aller notwendigen Differenzierung – die Kriegs- und Kriegszielvorstellungen großer Teile des deutschen Großkapitals schon vor dem Krieg mit denen der NS-Führung übereinstimmten.

In wenigen Jahren, etwa von 1935 bis 1938, setzte sich in Politik, Wirtschaft und Militär eine auf forcierte Kriegsvorbereitung orientierte Gruppierung, die sich auf Hitler und Göring berufen konnte, signifikant gegen eine vorsichtiger planende, in Hinsicht auf einen großen (Welt)Krieg skeptische Gruppe durch: in erster Linie durch die Zurückdrängung des bisherigen "Wirtschaftsdiktators" Hjalmar Schacht und seine Ersetzung als Reichswirtschaftsminister und als Reichsbankpräsident durch Görings Gewährsmann Walther Funk (1937; 1939) und durch das Revirement in der militärischen Führung, in der Spitze der Außenpolitik und in der Leitung der Reichsgruppe Industrie (1938).[6]

Der Vierjahresplan, unter dem der wirtschaftliche Kern der genannten Gruppierung firmierte, hatte den Hauptzweck, durch Industrieausbau, vor allem auf den Gebieten der synthetischen Produktion (Benzin, Kautschuk, Textilien), der Leichtmetalle, der Vorprodukte für Pulver, Sprengstoffe und Giftgas die deutsche Wirtschaft für einen Großkrieg auch unter Blockade – ein Trauma aus dem Ersten Weltkrieg! – krisenfest zu machen.[7] Fieberhaft entwickelten die hinter Göring stehenden Industrievertreter, allen voran die IG-Farben-Leute um Carl Krauch, Chef der Reichsstelle für Wirtschaftsausbau und Görings "Generalbevollmächtigter für Sonderfragen der chemischen

---

5. Der Begriff der Wirtschaftselite (Großkapital; Big Business) wird hier in der üblichen Bedeutung gebraucht: "Großindustrielle und Bankiers, die Spitzenmanager von Konzernen und großen Unternehmen, kurz: die Inhaber wirtschaftlicher Machtpositionen" (Rolf-Dieter Müller, Das Rußlandbild der Eliten im "Dritten Reich". Problemskizze und Hypothesen. In: Hans-Erich Volkmann (Hg.), Das Rußlandbild im Dritten Reich, Köln u. a. 1994, S. 357).
6. Siehe Dietrich Eichholtz, Das Expansionsprogramm des deutschen Finanzkapitals am Vorabend des zweiten Weltkrieges. In: Dietrich Eichholtz/Kurt Pätzold (Hg.), Der Weg in den Krieg. Studien zur Geschichte der Vorkriegsjahre (1935/36 bis 1939), Berlin 1989, S. 1 ff.
7. Siehe Dieter Petzina, Autarkiepolitik im Dritten Reich. Der nationalsozialistische Vierjahresplan, Stuttgart 1968.

Erzeugung" (GB Chemie), ausführliche, statistisch fundierte wirtschaftsstrategische Vorstellungen darüber, wie man sich, besser als im Ersten Weltkrieg, in dem bevorstehenden Kampf "den Anstrengungen fast der ganzen übrigen Welt" (Krauch)[8] gewachsen zeigen könne:

- vor allem durch Wirtschaftsexpansion nach Südosteuropa und in den Nahen Osten (Türkei; Iran), ferner nach der Iberischen Halbinsel und in den europäischen "Nordraum" (Skandinavien), so daß man sich bei Kriegsbeginn möglichst auf eine "Großraumwehrwirtschaft unter deutscher Führung" stützen könne,
- im Krieg durch ein "entscheidungsuchende Kriegführung", mittels "Vernichtungsschlägen gleich zu Beginn der Feindseligkeiten" (Krauch) und eines groß aufgezogenen Giftgaskrieges, auch gegen die Zivilbevölkerung im Hinterland des Gegners,
- durch die Eroberung und "Sicherung" von Wirtschaftsressourcen, besonders von Erdölquellen, eingeschlossen "das größte und lohnendste Ziel", die "Beherrschung des gewaltigsten Erdölgebietes Europas, Kaukasien." (OKW-Denkschrift, April 1939)[9]

Ausdehnung und Dauer des Krieges waren für seine Urheber unsicher. Bestimmte Hauptexpansionsrichtungen waren aber von vornherein ins Auge gefaßt: Für den Anfang Ost- und Südosteuropa, Teile Nordeuropas; später, mit den eroberten Hilfsquellen, militärischer Druck auf Frankreich und England mit dem Ziel einer Neuaufteilung Europas und großer Teile der übrigen Welt (Afrika; Naher Osten).

---

8. Wie die folgenden Zitate nach "Arbeitsbericht des Generalbevollmächtigten des Ministerpräsidenten Generalfeldmarschall Göring für Sonderfragen der chemischen Erzeugung Dr. C. Krauch vor dem Generalrat" vom 20./21. 4. 1939. Gedr. in: Dietrich Eichholtz, Zum Anteil des IG-Farben-Konzerns an der Vorbereitung des zweiten Weltkriegs. In: Jahrbuch für Wirtschaftsgeschichte, Berlin 1969, Teil II, S. 96 ff. Ferner "Möglichkeiten einer Großraumwehrwirtschaft unter deutscher Führung" (Denkschrift der Reichsstelle für Wirtschaftsausbau, Juli/August 1939). Gedr. in: Dietrich Eichholtz, Die "Großraumwehrwirtschaft" für den großen Krieg. Zwei geheime Memoranden der Reichsstelle für Wirtschaftsausbau vom Frühjahr/Sommer 1939. In: Bulletin des Arbeitskreises "Zweiter Weltkrieg", Berlin, Nr. 1-4/1986, S. 86 ff.
9. BA/MA, Wi/I.37, "Die Mineralölversorgung Deutschlands im Krieg".

"Neuordnung" in West- und Nordeuropa

Der deutsche Sieg in Nord- und Westeuropa 1940 war in seiner Dimension nicht vorhergesehen. Er versetzte die deutsche militärische Führung ebenso wie die Wirtschaftselite in krankhafte Euphorie, stellte sie aber zugleich vor die unerwartet schwierige Aufgabe, einen großen Teil Europas zu verwalten und zu beherrschen. Anders als in Polen 1939, handelte es sich in Westeuropa um eine der entwickeltsten Industrielandschaften der Welt, mit großen außereuropäischen Kolonialreichen im Hintergrund und mit lukrativen Kapitalinvestitionen in Europa und anderswo.

Das deutsche Großkapital fand sich sofort in dieser Aufgabe zurecht und legte schon binnen wenigen Wochen Pläne für die wirtschaftliche "Neuordnung" vor, die die zuständigen Behörden in Erstaunen versetzten. Diese Pläne, damals auch "Wunschprogramme" und "Friedensplanungen" genannt, waren die entwickeltsten und durchdachtesten ihrer Art – vergleichbar höchstens mit den Kolonialplanungen der Deutschen Bank/Deko-Gruppe und den strategischen Plänen der Kriegsmarine (Seekriegsleitung).[10] Zu jener Zeit existierten noch keine klaren Pläne für eine politische "Neuordnung"; auch die drängenden Forderungen der Rüstungsproduktion für den sich ausweitenden Krieg standen noch nicht im Vordergrund. So richtete sich der Blick des Großkapitals schon auf Friedenszeiten, wie es sie nach einem deutschen Sieg erwartete. Seine frühen Pläne beruhten ausnahmslos auf der Annahme, daß die deutsche Herrschaft auf unabsehbare Zeit durch Gewalt befestigt wäre. Wenn auch mit Nuancen und Differenzierungen, so waren sie alle auf dem Boden der Revanche für die Niederlage und die Verluste im Ersten Weltkrieg erwachsen und gingen von den Kriegszielen des Ersten Weltkrieges aus, gingen vielfach auch weit darüber hinaus ("Arisierungen"; Annexionen; "Kapitalverflechtung"; Eroberungspläne betreffend England; Errichtung eines Weltmonopols auf verschiedenen Gebieten). Seit langem sind den Fachleuten die Bände füllenden "Länderberichte der Reichsgruppe Industrie", "Friedensplanungen" des IG-Farben-Konzerns, "Wunschprogramme" des Zeiss-Kon-

10. Das Folgende nach Dietrich Eichholtz, Geschichte der deutschen Kriegswirtschaft 1939-1945, 3 Bände, Berlin 1969/96; Reprints (in fünf Bänden) München 1999 und 2003 (im folgenden: Eichholtz, Kriegswirtschaft); hier bsd. Bd. I, S. 144 ff., S. 247 ff. Ferner die entsprechenden Länder-Dokumentenbände von: Europa unterm Hakenkreuz. Die Okkupationspolitik des deutschen Faschismus (1938-1945). Achtbändige Dokumentenedition, Berlin/Heidelberg 1988/96.

zerns, der Metallkonzerne, der Kalikonzerne usw. bekannt, auf die hier nicht weiter eingegangen werden soll. Allerdings werden diese Dokumente, die zu den wichtigsten des Zeitalters des Imperialismus und der Kriege überhaupt gehören, von einer bestimmten Kategorie von Historikern nach wie vor als bedauernswerte Entgleisungen der Beteiligten ausgelegt, höchstens als Ergebnis der betrüblichen "Verstrickung" von Gentlemen erklärt oder aber überhaupt übersehen.

Das deutsche Großkapital drängte darauf, rasch Tatsachen der "Neuordnung" zu schaffen. Die Annexion Westfrankreichs, Luxemburgs und perspektivisch des gesamten Minette-Erzreviers mit den darauf beruhenden Hütten- und Stahlwerken erschien als selbstverständlich. Bedeutende französische Kapitalbeteiligungen in Norwegen und auf dem Balkan gingen in deutsche Hände über. In Weltkonzernen wie Philips und Unilever diktierten deutsche Kommissare. Deutsche Großbanken führten Listen mit Hunderten von zu "arisierenden" Unternehmen und vermittelten sie unter Assistenz der Besatzungsbehörden an deutsche Bewerber. Es gab vereinzelte Beispiele der Vorsicht deutscher Unternehmen bei "unfreundlichen" Übernahmen bzw. bei der Majorisierung des Aktienkapitals von Unternehmen oder beim Oktroi von Verträgen – sei es aus Furcht vor Rufschädigung im Ausland, sei es wegen der Ungeklärtheit der militärischen und politischen Verhältnisse (Deutsche Bank/Banque de la Société Générale de Belgique). In aller Regel aber nutzten die deutschen Großunternehmen alle militärischen und politischen Druckmittel, um ihre Absichten durchzusetzen und Tatsachen zu schaffen; selbst NS-Behörden rieten mitunter zu mehr Zurückhaltung. Berüchtigte Beispiele sind der IG-Farben-Konzern (Francolor; Norsk Hydro), die deutschen Montankonzerne (Forderungen auf Übertragung des Eigentums an den französischen und luxemburgischen Hüttenwerken, auf Annexion des Minette-Reviers, auf die Zwangsintegrierung des gesamten westeuropäischen Kohlenbergbaus in das Rheinisch-Westfälische Kohlensyndikat), die Dresdner Bank ("Arisierungen") und viele andere.

Ein solcher generalisierender Befund schließt freilich nicht aus, daß deutsche politische Stellen und Wirtschaftsunternehmen für die Zeit nach dem "Endsieg" auch Möglichkeiten längerfristiger Zusammenarbeit, etwa in internationalen Kartellen und Verbänden (Elektroindustrie), ins Auge faßten, nicht zuletzt im Hinblick auf spätere Auseinandersetzungen um die internationalen Märkte und Kolonialreiche der westeuropäischen Länder bzw. Unternehmensgruppen (Société Générale). Ein deutscher Dominanzanspruch wurde auch in solchen Fällen erhoben und durch die Praktiken der

Besatzungsherrschaft deutlich genug unterstrichen. In vorsichtigerer, geschmeidigerer Form war hier zweifellos der Oktroi imperialistischer Herrschaft angestrebt. Aber der Unterschied war erheblich gegenüber den brachialen Methoden der Aneignung fremden Eigentums mittels militärischen oder besatzungsbehördlichen Drucks ("Arisierungen"; Francolor-Gründung usw.) und der "Aasgeier"-Mentalität[11] vieler deutscher Industrieller und Bankiers.

Das Ausbleiben des "Endsieges", der sich ausbreitende Kriegsbrand und die wachsenden Probleme der deutschen Kriegswirtschaft ließen bald, besonders seit Sommer/Herbst 1941, die langfristig angelegten "Friedensplanungen" in den Hintergrund treten (wenn auch nie vollständig). Die Ausnutzung des Wirtschaftspotentials der besetzten Länder wurde zur erstrangigen Aufgabe. Darauf drängte vor allem die Wehrmacht. Es schlug die Stunde der Wirtschaftskollaboration, deren Geschichte erst in neuerer Zeit gründlicher aufgearbeitet wird.[12] Die Bereitschaft westeuropäischer Unternehmer zur Kollaboration, auch zur Lieferung von Waffen und Kriegsgerät, war groß. Zunächst dominierte das Bestreben, die radikalen "Neuordnungs"pläne der Deutschen abzuwehren oder aufzuschieben und durch die Übernahme von Produktions- und Versorgungsaufgaben die Eigentums- und Funktionskontrolle über die Betriebe zu behalten. Ferner ließ sich an den deutschen Aufträgen gut verdienen, und schließlich hatte man die Aussicht, die Stammbelegschaften zu beschäftigen, zusammenzuhalten und sie möglicherweise dem Zugriff der deutschen "Werber" und der einheimischen Behörden zu entziehen und sie damit vor der Zwangsarbeit in Deutschland zu bewahren.

Mit den vorläufigen deutschen Erfolgen im Krieg gegen die UdSSR wuchs das Verlangen, daran zu partizipieren und einen – lohnenden – Beitrag zum "Kampf gegen den Bolschewismus" zu leisten. Zeitweise förderten die deutschen Behörden die Bildung von sogenannten Ostgesellschaften, vor allem in den "germanischen" Ländern (Niederlande, Dänemark, Norwegen), in der letzten Kriegsphase anscheinend sogar in Frankreich und in Belgien. Sie räumten ihnen allerdings, soweit sie überhaupt in Funktion tra-

---

11. Im Krupp-Prozeß berichtete ein zuverlässiger Zeuge davon, wie Alfried Krupp und andere am 18. Mai 1940 anhand einer Landkarte bereits niederländische Werke unter sich verteilten, "like vultures gathered around their booty" (zit. bei Gordon Young, The Fall and Rise of Alfried Krupp, London 1960, S. 89 f.).
12. Siehe hierzu den Beitrag von Hervé Joly im vorl. Band.

ten, nur geringe und wenig profitable Möglichkeiten für ihren "Osteinsatz" ein.[13]

Das rassistische Ideologem des "Großgermanischen Reiches", in der Naziführung vertreten besonders von Himmler und einigen seiner Gefolgsleute, diente nicht nur der leichteren Beherrschung von solchen Völkern und Ländern, denen nach dem Krieg in eben diesem "deutschen germanischen Weltreich" Teilhabe am deutschen Sieg versprochen wurde, sondern sollte ihr Menschen- und Wirtschaftspotential unmittelbar für den Krieg mobilisieren, insbesondere Kanonenfutter rekrutieren. Später, nach dem "Endsieg", war ihnen eine Hilfsfunktion bei der Unterdrückung ("Sicherung") und Ausbeutung des Ostens zugedacht. Himmler sprach wiederholt von 25 bis 30 Millionen Norwegern, Dänen, Niederländern und Flamen, deren "bestes Blut" man dem deutschen "Volkskörper anfügen" und so ein großgermanisches Reich schaffen werde, "das vor allem diesen Osten umfaßt".[14] Einen Niederschlag in der wirtschaftlichen "Neuordnung" hat dieser Teil der NS-Ideologie kaum gefunden, abgesehen von dem Versuch, Arbeiter, Bauern, Handwerker und Unternehmer mittels der genannten Ostgesellschaften in den eroberten Ostgebieten einzusetzen. In den Quellen findet sich, soweit bekannt, auch nichts darüber, daß die großgermanische Idee bei den "Neuordnungs"planern, etwa bei der Reichsgruppe Industrie oder dem IG-Farben-Konzern, irgendwelchen Eindruck hinterlassen hätte.

"Neuordnung" in Osteuropa

Auch die deutschen Kriegsziele im Osten waren im Ersten Weltkrieg vorgeprägt worden. Doch wiesen sie im Zweiten Weltkrieg ganz neue Dimensionen und neuartige verbrecherische Qualitäten auf (Vernichtung des "jüdischen Bolschewismus" und jeglicher sowjetischen Staatlichkeit, Ausrottung genozidalen Ausmaßes, riesige Annexionen, militärische Herrschaft bis zur Grenze nach Asien, koloniale Raubwirtschaft).

---

13. Dietrich Eichholtz, Wirtschaftskollaboration und "Ostgesellschaften" in NS-besetzten Ländern (1941-1944). In: Werner Röhr (Hg.), Okkupation und Kollaboration (1938-1945). Beiträge zu Konzepten und Praxis der Kollaboration in der deutschen Okkupationspolitik (= Europa unterm Hakenkreuz, Ergänzungsband 1, Berlin/Heidelberg 1994), S. 433 ff. Siehe auch Eichholtz, Kriegswirtschaft, Bd. III, S. 314 ff.

14. Himmler-Reden vom 16. 9. 1942, 24. 5. und 25. 7. 1944; zit. in Dietrich Eichholtz, "Großgermanisches Reich" und "Generalplan Ost". In: Zeitschrift für Geschichtswissenschaft, Berlin, 28. Jg. 1980, Heft 9, S. 839.

Hitler und seine Gefolgsleute teilten den Haß auf das Regime in der UdSSR und den revanchistischen Drang nach erneuerter deutscher Ostexpansion mit zahlreichen Vertretern der deutschen Eliten. Dennoch waren die rabiate Ideologie und die Völkermordkonzeption neuartig, die er aus dem Wust reaktionärer und barbarischer Ideen herausdestillierte, welche seit Jahren, ja Jahrzehnten in imperialistischen Kreisen Deutschlands – aber nicht nur Deutschlands – verbreitet waren. Ohne sie ist die menschenverachtende Barbarei des Vernichtungskriegs im Osten nicht zu erklären.

Die "Rassenkriegs"ziele – die Ausrottungspolitik und die Ostsiedlungsphantasien – dienten im Ostkrieg in dreifacher Funktion:

- als politische und ideologische Begründung des Krieges und der Kriegsverbrechen,
- als sozialimperialistische Begründung des Raubkrieges,
- als Politik der "Sicherung" des Eroberten.

Die wirtschaftlichen Kriegsziele in der UdSSR waren aber, wie schon in Polen, nicht allein und nicht einmal in allererster Linie von politisch-ideologischen, von "Rassen"zielen, etwa vom "Generalplan Ost", bestimmt, sondern maßgeblich und nachdrücklich von den imperialistischen Interessen des deutschen Großkapitals. Sie wurden lange vor dem Überfall auf die UdSSR unter Görings Leitung ("Wirtschaftsführungsstab Ost") und in Zusammenarbeit mit dem OKW (General Thomas) von führenden großindustriellen und Großbankvertretern ausgearbeitet.[15]

Die konkreten wirtschaftlichen Ziele des deutschen Großkapitals richteten sich auf industrielle Rohstoffe, besonders auf das Öl des Kaukasus, auf Mangan und Eisenerz, weiterhin auf Textilrohstoffe (Hanf, Baumwolle), Nahrungsmittel und andere Agrarprodukte. Die deutsche verarbeitende Industrie, darunter die Chemie-, Elektro- und die feinmechanische und optische Industrie, glaubte, später im Osten einen unerschöpflichen Absatzmarkt zu finden, riesig, aber auf primitivem Niveau, nach Liquidierung jeder möglichen einheimischen Konkurrenz, im Montanbereich auch durch rücksichtslose Ausschlachtung der modernen sowjetischen Anlagen. Mit solchen Vorhaben traf

---

15. Dietrich Eichholtz, Kriegsziele in der UdSSR. In: Babette Quinkert (Hg.), "Wir sind die Herren dieses Landes". Ursachen, Verlauf und Folgen des deutschen Überfalls auf die Sowjetunion, Hamburg 2002, S. 19 ff.; bsd. S. 31 ff. Ausführlicher: Derselbe, Celi Germanii v vojne protiv SSSR. In: Novaja i novejsaja istorija, Moskau, Nr. 6/2002, S. 62 ff. Ferner Eichholtz, Kriegswirtschaft, Bd. II, passim. Hiernach auch das Folgende.

sich die Industrie (Bulle-Denkschrift)[16] mit den ungeheuerlichen Vernichtungsplänen der SS und Görings bzw. Herbert Backes, und mit Hitlers von der Wehrmachtführung geteilten Absicht, die sowjetischen Großstädte als "Brutstätten des Bolschewismus" auszutilgen.[17]

Schon die Wirtschaftsstäbe der vorrückenden Wehrmacht waren mit Spezialisten der Industrie aufgefüllt. Oft drangen unmittelbar hinter den vordersten Truppen Sondereinheiten wie die Technische Brigade Mineralöl, Bergbau- und andere Technische Bataillone vor, durchsetzt mit Industriespezialisten in "Sonderführer"uniform. Von Berlin aus steuerten neuartige Konzerngebilde die räuberischen Aktivitäten, in der Leitung zusammengesetzt aus hochrangigen Vertretern der Behörden und der Wehrmacht und aus führenden Industriellen und Bankiers. Das wichtigste unter ihnen war die Kontinentale Öl AG, die sämtliche in deutschen Besitz fallenden Erdölvorkommen verwalten sollte. Der russischen und ukrainischen Montanwerke, der Chemie- und Textilindustrie und des Großhandels bemächtigten sich sogenannte Ostgesellschaften, große staatliche Treuhand-Monopolgebilde, die die entsprechenden Großwerke, Anlagen usw. führenden deutschen Unternehmen als "Paten" übergaben (so Flick, Krupp, Hermann-Göring-Werke, IG Farben).

Die "Neuordnung" im Osten verlief also anders als in den übrigen besetzten Länder Europas. Die militärische Situation blieb unsicher, die Herrschaft im Hinterland war zunehmend durch den Partisanenwiderstand gefährdet. Die Wehrmacht, die Reichs- und Generalkommissare, die Berliner Ministerien beanspruchten, jeder für sich, die Verfügungs- und Entscheidungsgewalt über Produktionskapazitäten und Arbeitskräfte. An eine konsequente Privatisierung des sowjetischen Staats- und des Kolchoseigentums war vorderhand nicht zu denken. Das Interesse der deutschen Wirtschaft am Einsatz von eigenen Kräften und Mitteln blieb unter diesen Umständen begrenzt; so begrenzt, daß, wie erwähnt, in west- und nordeuropäischen Ländern offiziell Unternehmer und Arbeitskräfte für den "Osteinsatz" angeworben wurden. Allerdings war seit 1942 mehr oder weniger klar und durch "Führer"äußerung bekräftigt, daß später "die Privatinitiative einzuschalten" sei.[18]

16. Bericht von Georg Bulle (Gutehoffnungshütte; Verein Deutscher Eisenhüttenleute) an J. W. Reichert (Wirtschaftsgruppe Eisen schaffende Industrie) vom 10. 11. 1941. Gedr. in: Rolf-Dieter Müller, Industrielle Interessenpolitik im Rahmen des "Generalplans Ost". In: Militärgeschichtliche Mitteilungen, Jg. 29, Nr. 1/1981, Dok. 9, S. 128 ff.
17. Siehe Eichholtz, Kriegswirtschaft, Bd. II, S. 453 ff.
18. Ebenda, S. 416 f.

Der Traum vom Erdölimperium

Die deutschen Siege in Westeuropa brachten erhebliche Beute an Mineralöl- und Benzinvorräten, aber keinen Zugriff auf Erdölquellen, etwa auf die französische Beteiligung an der Iraq Petroleum Comp. (IPC). Im Sommer 1940 rechneten die Behörden (Auswärtiges Amt) noch damit, Großbritannien zu einer "Verständigung" drängen zu können, bei der sie deutsche Beteiligungen an Konzessionen im Nahen Osten, sogar solche an der Suezkanal-Gesellschaft, durchsetzen wollten. Es erschien ihnen "unbedingt zweckmäßig, zum mindesten einen weitgehenden Einfluß an den Ölfeldern des Irak (evt. gemeinsam mit Italien) zu sichern. Weiterhin wäre ein Eindringen in das iranische Gebiet wünschenswert."[19]

Inzwischen hatte sich Hitler, bestärkt durch die Planungen seiner vorauseilend gehorsamen Generale, Ende Juli auf den Überfall auf die UdSSR festgelegt. Die UdSSR müsse, so forderte er am 31. Juli, "in einem Zug schwer zerschlagen" werden. Das Fell des Bären wurde schon verteilt: "Ukraine, Weißrußland, Baltische Staaten an uns. Finnland bis ans Weiße Meer ... Später Teiloperation auf Baku."[20]

Der Krieg gegen die UdSSR erschien den Eroberern als die "Zentralentscheidung" des gesamten Krieges. Er sollte ihnen zur Lösung des "ganzen Problems Europas"[21], des "Kardinalproblems unseres Kontinents"[22] dienen. Das in der UdSSR selbst verfolgte Eroberungsprogramm war als Ausgangsbasis für weit ausgreifendere Ziele sowohl in militärstrategischer als auch in wirtschaftsimperialistischer Hinsicht gedacht. Es betraf den ganzen Kontinent und begriff auch überseeische Kontinente ein. In Hitlers berüchtigter Weisung Nr. 32 vom 11. Juni 1941 hieß es, nach der Zerschlagung der sowjetischen Armee werde der "neu gewonnene Ostraum ... organisiert, gesichert und unter voller Mitwirkung der Wehrmacht wirtschaftlich ausgenutzt werden." Dann gehe es um die "Fortsetzung des Kampfes gegen die britische Position im Mittelmeer und in Vorderasien durch konzentrischen Angriff, der aus Libyen durch Ägypten, aus Bulgarien durch die Türkei und unter

19. Sitzungsbericht Reichsstelle für Bodenforschung, 14. 8. 1940; zit. bei Helmut Mejcher, Die Politik und das Öl im Nahen Osten, Band II: Die Teilung der Welt 1938-1950, Stuttgart 1990, S. 59 f.
20. Vortrag Hitlers vor v. Brauchitsch, Halder, Keitel und Jodl; nach Franz Halder, Kriegstagebuch, Bd. II, Stuttgart 1963, S. 49 f.
21. Halder, S. 49.
22. Joseph Goebbels, Um die Entscheidung. In: Das Reich, 3. 8. 1941.

Umständen auch aus Transkaukasien heraus durch den Iran vorgesehen ist."[23]

In den nächsten anderthalb Jahren bildete sich die Erdölstrategie des kriegführenden Deutschlands immer klarer heraus, unter maßgeblicher Beteiligung der Ölinteressenten in Industrie- und Bankwelt und der militärischen Führung, die im Osten von Anfang an unter akutem Benzinmangel litt. Es war eine Art Doppelstrategie, die sich sowohl – mittels der Liquidierung der UdSSR – auf die Erdölfelder und -ressourcen des Kaukasus richtete als auch auf die Verdrängung Großbritanniens aus seiner beherrschenden Stellung im Nahen Osten. Diese Strategie der sogenannten Kaukasus-Zange – die, mit Vorstößen über den Kaukasus und über Nordafrika (Kairo) angesetzt, im Nahen Osten geschlossen werden sollte – kann mit großer Genauigkeit in den Entscheidungen Hitlers, der Wehrmacht und der Wirtschaftselite, besonders der Gruppierung um Göring, nachvollzogen werden.[24]

Die UdSSR sollte nach den deutschen Plänen in einem Feldzug von vier Monaten geschlagen werden. Diese Pläne schlugen vor Moskau völlig fehl. Auch aus Rostov am Don, dem Tor zum Kaukasus, wurden die Deutschen nach acht Tagen Besetzung Ende November 1941 wieder vertrieben. Die dramatische Jagd nach dem Öl im Sommer/Herbst des nächsten Jahres kann hier nicht ausführlich beschrieben werden. In der zweiten Junihälfte 1942, als der deutsche Vormarsch auf den Kaukasus und auf Stalingrad begann (Operation "Blau") und das deutsche Afrikakorps unter Generalfeldmarschall Erwin Rommel die britischen Verteidigungsstellungen bei El Alamein, der Eingangspforte nach Alexandria und Kairo, erreichte, war die Euphorie auf deutscher Seite ungeheuer. Hitler rief in einer Botschaft an Mussolini die "Göttin des Schlachtenglücks" an, die ihnen beiden jetzt Gelegenheit gebe, "das ganze Orientgebäude des britischen Reiches zum Einsturz" zu bringen.[25]

Aufgeregt meldete sich die Deutsche Bank zu Wort, die sich mit Ansprüchen auf Erdölquellen schon seit Sommer 1940 beschäftigt und für den Fall von Friedensverträgen mit Frankreich und Großbritannien alte deutsche

23. Hitlers Weisungen für die Kriegführung 1939-1945. Dokumente des Oberkommandos der Wehrmacht. Hg. Walther Hubatsch, Frankfurt/Main 1962, S. 151 ff., Weisung Nr. 32 ("Vorbereitungen für die Zeit nach Barbarossa") vom 11. 6. 1941.

24. Siehe Eichholtz, Kriegsziele in der UdSSR (Anm. 15), S. 40 ff.

25. Schreiben Hitlers an Mussolini, 23. 6. 1942; zit. in: Reinhard Stumpf, Der Krieg im Mittelmeerraum 1942/43. In: Das Deutsche Reich und der Zweite Weltkrieg, Bd. 6, Stuttgart 1990, S. 634; s. a. Kriegstagebuch des Oberkommandos der Wehrmacht (Wehrmachtführungsstab), Bd. 2, 1. Halbbd., S. 443 f., Anm.

Rechte und Ersatz für Verluste seit dem Ersten Weltkrieg eingeklagt hatte. Hermann Josef Abs, ihr Vorstandssprecher und "Außenminister", meldet am 4. Juli 1942 beim Auswärtigen Amt das akute Interesse der Bank an Ägypten und dem Nahen Osten an. Er äußerte die bestimmte Erwartung, "daß, falls in Ägypten oder im übrigen Vorderen Orient die Betätigung von deutschen Banken erwünscht würde, wir auf Grund unserer Stellung erwarten müßten, in erster Linie begrüßt und gefragt zu werden. Im Vorderen Orient sei die Begründung dafür neben unserer jahrzehntelangen Tätigkeit in der Türkei etc. das Ölinteresse."[26]

Die Erdölstrategie und ihre Verknüpfung mit den Kriegszielen in der UdSSR und im Nahen Osten beschäftigte damals die deutschen Eliten insgesamt. Außer Göring, der Vierjahresplanorganisation, der Kontinentale Öl AG und den um sie gruppierten Konzernen und Banken waren 1941/42 die militärische Führung, das Auswärtige Amt und der Geheimdienst intensiv mit den Vorbereitungen des Zugriffs auf das Erdöl im Kaukasus und im Nahen Osten beschäftigt.

Bei El Alamein und in Stalingrad blieb die deutsche Kriegsmaschine endgültig stehen. In Stalingrad bereitete sich im Herbst die entscheidende Katastrophe für die Wehrmacht vor, und in Nordafrika zwangen die Briten das Afrikakorps unwiderruflich zum Rückzug. Der Traum vom deutschen Erdölimperium war ausgeträumt.

Zwangsarbeit als Kriegsziel?

Die deutschen Eroberer hielten es für selbstverständlich, daß die Bevölkerung in den besetzten Ländern nicht nur während des Krieges, sondern auch danach – im deutsch beherrschten Europa – als Arbeitskräftepotential zur Verfügung stehen würde. Erste Äußerungen aus Wirtschaftskreisen über eine Regulierung der Arbeitsverhältnisse in Europa, die einer deutsch majorisierten "Zentralstelle" und "führenden deutschen und verbündeten Industriegruppen" übertragen werden sollte, finden sich schon vor dem Krieg.[27]

Die deutschen Kolonialplaner von 1939/40, unter denen maßgebliche

26. Bundesarchiv Berlin, Deutsche Bank, Nr. 10275, Aktennotiz Abs für Weigelt, 4. 7. 1942.
27. "Möglichkeiten einer Großraumwehrwirtschaft ..." (Anm. 8), S. 97 f. Zur Problematik ausführlicher Dietrich Eichholtz, Unfreie Arbeit – Zwangsarbeit. In: Derselbe (Hg.), Krieg und Wirtschaft. Studien zur deutschen Wirtschaftsgeschichte, Berlin 1999, S. 129 ff., bsd. 139 ff.

Vertreter des Auswärtigen Amtes, der Deutschen Bank, der IG Farben und der alten deutschen Kolonialfirmen und Überseereedereien als besonders aktiv hervortraten, gedachten die früheren Kolonialverhältnisse der Herrschaft von deutschen "Herren" über "Eingeborene" fortzusetzen bzw. wieder einzuführen. Kernpunkt des Kriegszielkonzepts für den "Ostraum" war ein Helotenstatus, der im "Generalplan Ost" ausdrücklich Millionen von Menschen zugedacht war.

Offen ist bisher die Frage geblieben, inwieweit die deutsche Wirtschaftselite die Zwangsarbeit von Ausländern auch innerhalb Deutschlands als Kriegsziel begriffen und angestrebt hat. In den Kriegsverbrecherprozessen nach dem Krieg ist dieses Problem nicht aufgegriffen worden. Im Gegenteil, in den Industrieprozessen, namentlich im Flick- und im IG-Farben-Prozeß, gingen die US-Richter, abgesehen von Ausnahmefällen (IG Farben/Auschwitz), von der Notlage, dem "Notstand" der deutschen Unternehmer aus: Ihnen sei angesichts des Arbeitskräftemangels unter dem "Schreckensregime des Reiches" bei Gefahr der eigenen Bestrafung und Verfolgung keine andere Wahl geblieben, als Zwangsarbeiter zu beschäftigen.[28]

Hier sind in jeder Beziehung Korrekturen angebracht. Bis 1941 gab es eine interne Diskussion zwischen Wirtschaftsrepräsentanten (Reichsgruppe Industrie) und NS-Politikern und -Ideologen (Rosenberg, Himmler und anderen), in der Einigkeit darin erzielt wurde, daß sich kein "falscher ‚Herren'-Standpunkt" bei den deutschen Industriearbeitern entwickeln und ihnen daher die einfachen und groben Arbeiten nicht von "Hilfsvölkern" abgenommen werden dürften.[29] Eine durchgreifende Änderung solcher Ansichten hat augenscheinlich spätestens im Frühjahr 1942 eingesetzt, als mit dem Millionenzustrom an Kriegsgefangenen und zivilen Zwangsarbeitern aus der UdSSR die Massenzwangsarbeit in der gesamten deutschen Industrie zum funktionierenden, selbstverständlichen Produktionsalltag wurde.

Den Beteiligten war noch bewußt, daß die deutsche Industrie im Ersten Weltkrieg auf erheblichen Widerstand im In- und Ausland gestoßen war, als sie belgische und polnische Arbeitskräfte nach Deutschland zwangsverpflich-

---

28. So im Urteil des US-Militärgerichtshofs vom 22. 12. 1947 im Prozeß gegen Friedrich Flick und weitere fünf Angeklagte (Fall 5), das in diesem Punkt weitestgehend von den Richtern im IG-Farben-Prozeß (Fall 6) übernommen worden ist; Fall 5. Anklageplädoyer, ausgewählte Dokumente, Urteil des Flick-Prozesses, hg. von Karl-Heinz Thieleke/Klaus Drobisch, Berlin 1965, S. 315 ff. (Zit. S. 327).
29. Eichholtz, Unfreie Arbeit ... (Anm. 27), S. 140 ff.

ten ließ; es wurden damals Forderungen erhoben, dies als Kriegsverbrechen zu verfolgen. Jetzt aber, der Herrschaft über Europa sicher, hielt es das deutsche Großkapital für recht und billig, das europäische Arbeitskräftepotential in die deutsche Kriegswirtschaft einzubeziehen. Die weitgehend verinnerlichte rassistische Ideologie lieferte ihm einen bequemen Vorwand, sich insbesondere bei der Ausbeutung der stigmatisierten und terrorisierten "Ost"- und "Untermenschen" keine Beschränkungen aufzuerlegen. Der Naziterror bot anscheinend ausreichend Gewähr, Widerstand und Unruhen unter den Zwangsarbeitern vorzubeugen.

Zugleich setzte sich weitgehend die Auffassung durch, daß die Zwangsarbeit von Ausländern nicht nur in der Kriegswirtschaft unverzichtbar und hochprofitabel sei, sondern daß sie auch nach dem Kriege den deutschen Wohlstand und den deutschen Herrschaftsanspruch als dominierende Großmacht in der Welt zu sichern habe. "Der Deutsche", so erklärte ein Flugzeugindustrieller, der die Vorteile der Zwangsarbeit in den höchsten Tönen rühmte, 1943 vor seinen Kollegen aus dem Junkers-Konzern, "hat sich mit dem Ausländereinsatz zum ersten Male in einem riesigen Umfange die Tätigkeit von Hilfsvölkern zu eigen und zunutze gemacht und daraus große Lehren gezogen und Erfahrungen gesammelt. Es wird schon gut sein, schon während, spätestens nach dem Kriege diesen ganzen Erfahrungsschatz an berufener Stelle zu sammeln."[30] Im gleichen Jahr sprach Fritz Sauckel, der "Generalbevollmächtigte für den Arbeitseinsatz", vor den thüringischen Rüstungsindustriellen davon, daß es "langfristig" darum gehe, "eine Arbeitskapazität zu schaffen an deutscher Arbeiterführung und an ausländischen Arbeitern, was uns für das kommende Jahrhundert das absolute Übergewicht über alle Völker der Welt nicht nur militärisch, sondern auch wirtschaftlich und arbeitsmäßig geben wird."[31]

Die deutsche Wirtschaftselite war also in das Verbrechen der Zwangsarbeit voll involviert. Sie war hauptverantwortlich auch für die katastrophalen, menschenverachtenden Arbeits- und Lebensbedingungen der Masse der Zwangsarbeiter, für Elend, Hunger und Tod von Millionen. Die Unternehmer akzeptierten nicht nur die von den Behörden vorgegebenen mörderischen Bedingungen (Unterbringung, Verpflegung, Strafbestimmungen usw.),

30. Vortrag Direktor Freyer (Fieseler-Flugzeugwerke) vom 22. 6. 1943; zit. in Eichholtz, Kriegswirtschaft, Bd. II, S. 281 ff.
31. Rede Sauckels vom 4. 12. 1943; zit. ebenda, S. 284.

sondern gestalteten sie in den Betrieben maßgeblich und durchaus eigenverantwortlich und wirkten an ihrer Brutalisierung mit. Mag es Fälle menschenwürdiger Behandlung von Zwangsarbeitern gegeben haben, so sind doch die Beweise für die Grausamkeit und seelenlose Gleichgültigkeit der Zwangsarbeiterpolitik in den Chefetagen und Werkleitungen von Krupp, BMW, vom Bochumer Verein und vom Volkswagenwerk, von IG Farben, Daimler-Benz, Siemens, Osram, Heinkel und Messerschmitt, den Hermann-Göring-Werken und so vielen anderen erdrückend.[32]

32. Siehe Dietrich Eichholtz, Zwangsarbeit in der deutschen Kriegswirtschaft. Unter besonderer Berücksichtigung der Rüstungsindustrie. In: Ulrike Winkler (Hg.), Stiften gehen. NS-Zwangsarbeit und Entschädigungsdebatte, Köln 2000, S. 10 ff.; bsd. S. 24 ff.

Thesen und Desiderata zur ökonomischen Besatzungsherrschaft

Skandinavien und die NS-Großraumwirtschaft

Harm G. Schröter

Einleitung

Im Zweiten Weltkrieg sind hinter der Front mehr Menschen umgekommen als an der Front. Das, was im Ersten Weltkrieg als sicheres Gebiet gelten konnte, erwies sich im Zweiten als noch mörderischer als die eigentliche Kampfzone. Trotzdem sind Alltag und Überleben in den NS-besetzten Teilen Europas noch nicht hinreichend aufgearbeitet worden.[1] In einem besetzten Land bedeuteten Alltag und z.T. der Kampf um das Überleben, sich in irgendeiner Weise zur Besatzungsmacht zu verhalten. Keiner konnte sich dieser Frage entziehen, Anordnungen der Exekutivorgane ebenso wie für wirtschaftliches Verhalten zwangen dazu. Eine Existenz im besetzten Gebiet bewegte sich zwischen einem durch die Umstände erzwungenes Verhalten, unterschiedlichen Formen des passiven und aktiven Widerstands, und freiwilligem wirtschaftlichen Austausch zum eigenen Vorteil. Alle möglichen Übergänge und Schattierungen waren in diesem Feld vorhanden. So konnte sich z.B. ein Fischer zum Verkauf seiner Waren an deutsche Stellen genötigt sehen, da sonst keine anderen Käufer auftraten; d.h. auch "freiwilliger" wirtschaftlicher Austausch beruhte häufig auf ökonomischem Existenzdruck, freilich in sozialer und politischer Überformung. Aber gerade für die Wirtschaft hatte Nazi-Deutschland z.T. sehr dezidierte Vorstellungen, so dass es schwer oder unmöglich wurde, sich diesen zu entziehen.

Im Mittelpunkt unserer Fragen stehen Vorstellungen aus Deutschland, die

1. Einen Beitrag dazu leistete das 2005 abgeschlossene ESF-Programm zur Aufarbeitung der Besatzungsherrschaft in Europa (*The Impact of National Socialist and Fascist Rule in Europe, 1938-1945*). Die entsprechenden Bücher sind z.Zt. leider noch nicht erschienen.

unter dem Schlagwort der *Großraumwirtschaft* zusammengefasst werden. Die Großraumwirtschaft sollte in der Tradition der sogenannten Mitteleuropaideen gesehen werden, die schon vor dem Ersten Weltkrieg in Deutschland entstanden. Die NS-Großraumwirtschaft sollte nicht nur Mitteleuropa, sondern darüber hinaus Südost- und Nordeuropa umfassen. Ost- sowie Teile von Westeuropa traten während des Krieges zu diesen Zielvorstellungen hinzu. Die Grundidee eines großflächigen Präferenzraumes mit eindeutigem Zentrum war jedoch weder eine originär nationalsozialistische noch eine deutsche Idee. Sie war und ist eine Grundidee aller Imperien; schon der Merkantilismus hatte ihre Grundzüge herausgearbeitet. Sie war ein rückwärtsgewandtes, auf Sicherheit bedachtes Konzept. Während der Zwischenkriegszeit, insbesondere aber seit der Weltwirtschaftskrise, versuchten alle wirtschaftlich und politisch bedeutenden Mächte, ihre Präferenzräume zu befestigen und auszudehnen; das gilt für das britische Empire, das französische Empire, die Konsolidierungspolitik der USA und der UdSSR ebenso wie das Streben Japans, mit aggressiven Mitteln seinen Machtbereich in Ostasien auszudehnen. Auch in Deutschland gab es schon in den 1920er Jahren Stimmen, die vorschlugen, ein vor allem durch die deutsche Wirtschaft definiertes *informal empire* in Südosteuropa aufzubauen.[2] Wie stark allein wirtschaftliche Zwänge wirken konnten, wurde den Nordeuropäern in der Weltwirtschaftskrise deutlich, als sie sich 1931 mit ihren Währungen gezwungen sahen, der Abwertung des britischen Pfundes zu folgen. Während der Weltwirtschaftskrise führte die deutsche Regierung Schritte zur Etablierung eines *informal empire* in Südosteuropa durch, auf die das NS-Regime nahtlos aufbauen konnte. Neben dem Souveränitätsverlust der betroffenen Staaten ist es deshalb wichtig herauszustellen, worin sich die NS-Großraumwirtschaft von anderen imperialen Verhaltensweisen großer Mächte unterschied.

---

2. Zum Begriff vgl.: MacCormick, Thomas J. (1967), China market: America's Quest for Informal Empire 1893-1901, Chicago; Morris, Peter (1984), Africa, America and Central Asia. Formal and informal Empire in the 19th Century, University of Exeter Press, Exeter. Zu Südosteuropa zuletzt: Grenzebach, William S. (1988), Germany's Informal Empire in East-Central Europe: German Economic Policy Toward Yugoslavia and Rumania : 1933-1939, Steiner, Stuttgart; Thörner, Klaus (2000), "Der ganze Südosten ist unser Hinterland": deutsche Südosteuropapläne von 1840 bis 1945, Oldenbourg, München.

Wie weit ging die Kongruenz zwischen der deutschen Besatzungsverwaltung und der Wirtschaft?

Im Gegensatz zu den Versuchen auf Regierungsebene hatten die deutsche chemische Industrie, die elektrotechnische und die Schwerindustrie ihr Bestreben einen auf Branchenebene definierten Präferenzraum zu errichten in unterschiedlichem Umfang in Nordeuropa (hier: Dänemark, Finnland, Norwegen und Schweden) bereits durchgesetzt. Hierzu hatte sie als Instrumente Direktinvestitionen und in noch grösserem Umfang internationale Kartelle und z.T. auch langfristige Lieferverträge eingesetzt. Insbesondere in den Kartellverhandlungen wird deutlich, dass es ihnen hierbei nicht nur um möglichst große Marktanteile ging, sondern ergänzend um Marktbeherrschung. Hierfür waren sie bereit, Wettbewerbern Zugeständnisse in anderen Weltregionen zu machen. Darüber hinaus versuchten sie auch, ihre Position mit politischen Mitteln abzusichern, sowohl mit Hilfe der deutschen Außenpolitik, als auch durch Intervention in dem betreffenden Land selbst.[3] Da es auf Unternehmens- und z.T. Branchenebene auf den Norden ausgedehnte ökonomische und politische Einfluss- und Sicherheitsmuster gab, kann in Anlehnung an die staatliche Ebene deshalb schon vor 1940 von einem auf Branchenebene definierten *informal empire* gesprochen werden. Mit anderen Worten: Teile der deutschen Wirtschaft hatten auf dem normalem Weg des ökonomischen Wettbewerbs längst erreicht, was die NS-Politik auch für die politische Ebene sowie den Rest der deutschen Wirtschaft erst noch erreichen wollte. Daraus ergab sich im Einzelfall ein gewisser Gegensatz, weil jene deutschen Firmen, die in Nordeuropa über den von ihnen gewünschten Einfluss schon verfügten, Teile dieses Machtpotenzials zugunsten politischer Kräfte aufgeben mussten, wenn aufgrund politisch-militärischen Drucks ein *informal empire* errichtet werden würde. Ihr Brancheneinfluss würde durch einen

3. Schröter, Harm G. (Fall 1988), Risk and Control in Multinational Enterprise: German Businesses in Scandinavia, 1918-1939, in: Business History Review 62, S. 420-443; vgl. Nilson, Bengt (1983), Handelspolitik under skärpt konkurrens, England og Sverige 1929-39, CWK Gleerup, Lund; Salmon, Patrick: British Policy towards the Nordic Countries between the Wars, in: Robert Bohn u.a. (Hg.) (1991): Neutralität und totalitäre Aggression, Nordeuropa und die Großmächte im Zweiten Weltkrieg, Stuttgart, S. 9-23; Seymour, Susan (1982), Anglo-Danish Relations and Germany 1933-1945, Odense University Press; Schröter, Harm G. (1983), Außenpolitik und Wirtschaftsinteresse. Skandinavien im außenwirtschaftlichen Kalkül Deutschlands und Großbritanniens 1918-1939, Peter Lang, Frankfurt/Main.

darüber gestülpten politischen und weiter durch ein von bürokratischen Wirtschaftsorganisationen vermittelten generellen Einfluss beschnitten werden. Im nationalsozialistischen Deutschland waren ähnliche Gegensätze mehrfach aufgebrochen und meist durch direkte politische Intervention oder durch Gründung staatlich subventionierter Konkurrenzfirmen (Hermann-Göring-Werke) zu Ungunsten der etablierten Wirtschaft ausgegangen. Hieraus ergibt sich eine weitere untersuchenswerte These: Wie weit haben deutsche Unternehmen Unterlassungen begangen oder gar passiven Widerstand gegen die Wünsche und Pläne der NS-Besatzungsverwaltung geleistet? Kamen solche Verhaltensweisen nur den deutschen oder auch den Unternehmen der besetzten Gebiete gelegen? Gab es punktuell eventuell sogar ein stilles, kooperatives Einvernehmen gegen die Besatzungsherrschaft? Ist z.B. das Ausbleiben jeder Reaktion der Norsk Hydro auf die von der IG Farben ausgearbeiteten Chemiepläne für Norwegen in dieser Richtung zu werten?[4]

Schließlich existierte eine erhebliche ökonomische Kongruenz zwischen der einheimischen Wirtschaft und der Besatzung, weil diese sich als einer der größten Nachfrager nach Waren und Dienstleistungen erwies. Insbesondere in den Branchen Metallverarbeitung, Chemie, Transport- und Nachrichtenwesen sowie dem Bauwesen standen große Aufträge an. Der Nachfrageeffekt wird u.a. durch den Rückgang der Arbeitslosenzahlen in Dänemark exemplifiziert. Da wirtschaftliche Kooperation und moralische Entrüstung durchaus kompatibel sind, sollte grundsätzlich von der Kongruenz als Normalfall ausgegangen werden. Das macht abweichendes Verhalten in allen Schattierungen interessant und auch klassifizierbar.[5]

---

4. Bei der engen Verzahnung zwischen IG Farben und der NH ist es wohl kaum vorstellbar, dass letzterer die Pläne über Jahre hinweg verborgen geblieben sind. Die Ausarbeitung "Vorschläge der IG Farbenindustrie AG zur Friedensplanung" befindet sich im Bayer Werks-Archiv (BWA) unter der Nr. 84 Europa, Norwegen 1 a; sowie im Archiv der BASF (Zusendung der BASF an den Verf. ohne Archiv Nr.). Auszüge aus ähnlichen Dokumenten sind von Eichholtz, Hass, Schumann u. a. veröffentlicht worden. In Hydros sonst sehr detaillierten Jubiläumsband nimmt der Autor Andersen zu diesen Plänen leider nicht Stellung, obwohl die beiden Archive von ihm eingesehen wurden (Andersen, Kjetil Gjølme (2005), Flaggskip i fremmed eie. Hydro 1905-1945, Pax forlag, Oslo.
5. Vgl. Lund, Joachim (2005), Hitlers spisekammer. Danmark og den europæiske nyordning 1940-43, Gyldendal, Kopenhagen.

Die Chaos-These und ihre Bedeutung für die Besatzungsherrschaft

In unserem Zusammenhang ist es interessant, dass es zu keinem Zeitpunkt, auch nicht unter der NS-Herrschaft, ein einheitliches Konzept oder allgemein akzeptierte Vorstellungen über die Grenzen, Strukturen, Elemente und Instrumente der Großraumwirtschaft gegeben hat. Es gab also verschiedene Entwürfe, die miteinander in Konkurrenz standen. Hier ist einerseits zu fragen, wie weit sich die Konzepte ergänzten oder behinderten, andererseits, wie weit dieses Mit- und Gegeneinander von Kompetenzen wiederum Ausdruck des bekannten Herrschaftsprinzips vor allem Adolf Hitlers war. Letzteres würde bedeuten, dass zugunsten kurzfristiger Ziele der Herrschaftssicherung langfristige Ziele der Expansion und Aggression zurückgestellt wurden, eine These, die der Sammelband *Das organisierte Chaos* vorstellte.[6] Sollte sich diese These als richtig erweisen, dann hätte diese Form der Besatzungspolitik der besetzten, einheimischen Wirtschaft zumindest theoretisch ein passives Widerstandspotenzial eröffnet. In diesem Widerstandspotenzial hätte die Möglichkeit gelegen, die ökonomischen Wünsche, Befehle und Vorstellungen verschiedener Besatzungsorgane, wie z.B. der Wehrmacht und der Verwaltung, gegeneinander auszuspielen und im Endeffekt den tatsächlichen Beitrag zur deutschen Kriegswirtschaft zu verkleinern. Ist diese Möglichkeit als solche erkannt worden, und falls ja, wann? Welche Konsequenzen zogen einheimische Organisationen und Unternehmen daraus? Aus verschiedenen besetzten Ländern ist ein intendiertes Gegeneinander zu beobachten. Dagegen vermitteln verschiedene Beiträge, verglichen mit anderen Teilen des besetzten Europas, ein relativ homogenes Bild bezüglich der ökonomischen Besatzungsherrschaft in Nordeuropa.[7] Selbstverständlich gab es eine Konkurrenz zwischen den verschiedenen Institutionen der deutschen Besatzung und auch der deutschen Wirtschaft um einheimische Waren und Dienstleistungen. Diese Konkurrenz gab es ebenso wie im Reich in allen Ländern. Sie stell-

6. Otto, Gerhard/ten Cate, Johannes Houwink (Hg.) (1999), Das organisierte Chaos. "Ämterdarwinismus" und "Gesinnungsethik": Determinanten nationalsozialistischer Besatzungsherrschaft, Metropol Verlag, Berlin; vgl. zu der These bezüglich Norwegen auch Bohn, Robert (2000), Norwegen. "Nationalsozialistische Neuordnung" und Kriegswirtschaft, Oldenbourg, München.
7. Z.B. Bohn, Reichskommissariat; vgl. generell: Nökleby, Berit, Bibliographical Survey – Scandinavia, Manuskript, ESF-Programme National Socialist and Fascist Occupation, S. 23-25.

te auch in den besetzten Staaten ein Charakteristikum der NS-Herrschaft dar.[8] Der erste Überblick vermittelt jedoch den Eindruck, dass die Friktionen in Dänemark und Norwegen geringer waren als in anderen Staaten. Wenn dieser Eindruck richtig ist, wäre das Widerstandspotenzial, dass sich theoretisch aus der Möglichkeit, diese Konkurrenz auszunutzen und eine Besatzungsinstanz gegen die andere zu instrumentalisieren, geringer gewesen als z.B. in Frankreich.

Der Norden in den Vorstellungen zur Großraumwirtschaft

Als kleine und gleichzeitig ökonomisch hochentwickelte Staaten waren alle nordischen Länder auf die Außenwirtschaft existenziell angewiesen. Alle Staaten gerieten mit der Besetzung Dänemarks und Norwegens direkt oder indirekt unter massiven deutschen Einfluss. Internationaler Handel war praktisch nur noch unter deutscher Aufsicht möglich. Auch die großen Teile der Handelsflotte, die Norwegen und Dänemark in internationalen und alliierten Gewässern verblieben, konnten die Lage ihrer Heimatländer gegenüber Deutschland nicht verändern. Schweden und Finnland gerieten unter einen sehr viel stärkeren Druck des *informal empire*, während Dänemark und Norwegen vorläufig dem *formal empire* zugeschlagen wurden. Doch hier zeigte es sich, dass die deutschen Vorstellungen bezüglich der verschiedenen Länder erheblich differierten. Während die organisierten Spitzen der deutschen Wirtschaft den Norden als einen relativ einheitlichen Raum begriffen, zu welchem sie oft noch die drei Baltischen Staaten hinzurechneten, erklärte Hitler, dass er (und damit NS-Deutschland) an Finnland als Teil des Großwirtschaftsraumes nicht interessiert sei.[9] Sein (vorläufiges) Desinteresse am Baltikum lässt sich auch belegen durch den deutsch-sowjetischen Pakt, welcher der UdSSR den Einmarsch in Estland Lettland und Litauen ermöglichte.

Schweden war als Mitglied einer Großraumwirtschaft aus deutscher Sicht wünschenswert, ja infolge seiner Erze unverzichtbar. Die Eingliederung konnte jedoch nur über die indirekten Herrschaftsmechanismen des *informal empire* durchgesetzt werden. Die deutschen Möglichkeiten hingen direkt mit

8. Vgl. Otto/ ten Cate, Chaos.
9. Petrick, Fritz (1993), Der 9. April 1940 und die "Neuordnung" Nordeuropas, in: Bohn, Robert (Hg.), Deutschland, Europa und der Norden. Ausgewählte Probleme der nordeuropäischen Geschichte im 19. und 20. Jahrhundert, Steiner, Stuttgart, S. 97.

dem Aufstieg militärischer Macht und dem Machtverfall zusammen. Martin Fritz, Klaus Wittmann u.a. haben gezeigt, welche Instrumente benutzt wurden, um das widerstrebende Schweden in den deutschen Orbit hineinzuziehen.[10] Wie weit der deutsche Arm reichte, wird z.Zt. im "Svenaz-Projekt" untersucht, welches das deutsche Einwirken von der Kunst bis zur Arisierung von Unternehmen in Schweden (!) aufarbeitet. Hier sind in Kürze viele interessante Ergebnisse zu erwarten, die bisher jedoch nur in Ausnahmefällen publiziert worden sind.[11] Finnische Autoren haben in den 1960er Jahren mit Hilfe der "Treibholztheorie" (Finnland wie ein Treibholz willenlos im Malstrom der Weltgeschichte) versucht, die Beschränkung von Finnlands politischen Optionen herauszustellen; eine Interpretation, die andere widerlegten.[12] Infolge der noch zu erwartenden schwedischen Ergebnisse und der Forschungslücke in Finnland, werden wir uns hier auf die Staaten Dänemark und Norwegen beschränken.

Großraumwirtschaft gleich Kriegswirtschaft?

Zur Analyse von NS-Besatzungsverwaltungen hat Richard Overy drei voneinander zu unterscheidende Ebenen vorgeschlagen: 1. Plünderung, 2. Ausnutzung der „produktiven Ressourcen" der besetzten Gebiete, und 3. wirtschaftliche Ausbeutung durch die Wehrmacht.[13] Wir wollen dagegen drei zeitlich differierende Ebenen unterscheiden: 1. kurzfristige Plünderung, 2. mittelfristige Ausnutzung der ökonomischen Ressourcen während des Krieges, und 3. langfristige Vorbereitung der gewünschten Nachkriegsordnung,

---

10. Vgl. Martin Fritz' Beitrag und Literaturliste in seinem Beitrag zum vorliegenden Sammelband.
11. In diesem Zusammenhang sind besonders Sven Nordlunds Beiträge hervorzuheben: "Alkibiades eller Akilles"? Ariseringen i Sverige och reaksjonerna på denna, in: Historisk tidskrift, Jg 2005, H. 4, S. 575-607; ders.: "Tyskarna själva gör ju ingen hemlighet av detta." Sverige och ariseringen av tyskägda företag och dotterbolag, in: ebenda, S. 609-641. (Svenaz: Sveriges förhållende till nazismen, Nazityskland och Forintelsen), vgl. Ekman, Stig/Åmark, Klas (2003) Sweden's relations with Nazism, Nazi Germany and the Holocaust: a survey of research, Stockholm studies in history Bd. Nr: 66, Almqvist & Wiksell International, Stockholm.
12. Vgl. die annotierte Bibliographie von Nökleby. Die ganze Literatur liegt fast ausschließlich nur in finnischer Sprache vor, was den internationalen Vergleich erschwert.
13. Overy, Richard J. (1997), The Economy of the German "New Order", in: Overy, Richard J./Otto, Gerhard/ten Cate, Johannes Houwink (Hg.), Die "Neuordnung" Europas. NS-Wirtschaftspolitik in den besetzten Gebieten, Metropol-Verlag, Berlin, S. 11-2 8, S. 14.

eben der Großraumwirtschaft. Damit differenzieren wir die von Avraham Barkais aufgestellte These: "Die von den Nationalsozialisten vorkonzipierte 'Mitteleuropäische Großraumwirtschaft', die ursprünglich erst durch den siegreichen Krieg hätte verwirklicht werden sollen, wurde somit schon während des Krieges Wirklichkeit."[14] Friedenswirtschaft und eine mobilisierte Kriegsökonomie sind in der Regel recht unterschiedlich, deshalb sollte mit dem Instrument der zeitlichen Dimensionen untersucht werden, ob die von der NS-Regierung für die Friedenszeit geplante europäische Großraumwirtschaft tatsächlich schon in der Kriegswirtschaft sich nur im Umrissen abzeichnete, ansatzweise verwirklicht wurde, oder tatsächlich mit ihr identisch war.[15]

Auf der ersten Ebene (Plünderungen) wurden Dänemark und Norwegen unterschiedlich behandelt. Denn in Dänemark, das formalrechtlich nicht als besetzter Staat galt, waren die Eingriffsmöglichkeiten der Besatzungsverwaltung erheblich kleiner als in den anderen Staaten, die gegen Deutschland gekämpft hatten. Aus Norwegen wurden große Mengen von Kupfer- und anderen Erzen, Schwefelkies und elektrometallurgischen Produkten "abtransportiert."[16] Dagegen sind aus Dänemark ähnliche Aktivitäten nicht gemeldet worden. Dort beschränkte sich der Wehrwirtschaftsstab auf die "Sicherung" von Rohstoffen für Aufträge der deutschen Rüstungswirtschaft, die aber im Lande verblieben.[17]

14. Das Zitat lautet vollständig: "Solange die Blitzkriegsstrategie mit der Illusion eines kurzen Krieges funktionierte, wurden die vorgefundenen Rohstoff- und Fertigwarenlager als leicht erfassbare Beute betrachtet und für die sofortigen Zwecke kurzfristig verwendet. Mit dem Umschwung, im Winter 1941/42, auf eine langfristige Kriegs- und Versorgungsmittelproduktion änderte sich auch das Verhältnis zum wirtschaftlichen Potenzial der eroberten Länder: Von nun an galten sie als Teil der >europäischen Kriegswirtschaft<, die den Endsieg der Deutschen sichern sollte. Die von den Nationalsozialisten vorkonzipierte >Mitteleuropäische Großraumwirtschaft<, die ursprünglich erst durch den siegreichen Krieg hätte verwirklicht werden sollen, wurde somit schon während des Krieges Wirklichkeit." Bairkai, Avraham (1988), Das Wirtschaftssystem des Nationalsozialismus, Fischer Verlag, Frankfurt/M, S. 224.
15. Vgl. dazu ausführlich: Schröter, Harm G. (1999), Administrative Ansätze nationalsozialistischer Großraumwirtschaft – die Fälle Norwegen und Dänemark, in: Otto / ten Cate, Chaos, S. 143-172.
16. Geschichte des Wehrwirtschaftsstabes Norwegen, 1.10.1940 bis 31.12.1941, S. 36, unterschrieben von Hauptmann Dr. Müller von Blumencron, Leiter der Abteilung Wirtschaftsstatistik/Berichtswesen im Auftrage von Generalleutnant Winzer, "Chef des Wehrwirtschaftsstabes Norwegen", ohne Datum, (Geschichte Norwegen II) (BA-MA (Bundesarchiv-Militärarchiv Freiburg), RW 28, Bd. 16).
17. Geschichte über den Einsatz des Wirtschaftsstabes Dänemark, 8.3.1940-30.9.1940, S. 1 (Geschichte Dänemark I) (BA-MA, RW 27, Bd. 24).

Die zweite Ebene, die ökonomische Mobilisierung für die deutsche Kriegswirtschaft, war natürlich aus deutscher Sicht die wichtigste. In Norwegen und Dänemark gingen die deutschen Stellen aber mit sonst nicht gekannter Vorsicht vor. Zwar sollte nach Anweisung des OKW die Ausnutzung der norwegischen Wirtschaft rigoros durchgeführt werden: "Norwegen ist hierbei als Feindesland zu betrachten."[18] Jedoch wehrte sich Terboven gegen eine zu starke Ausbeutung des Landes: "...die Norweger sollten zu Freunden Deutschlands gewonnen werden."[19] In Dänemark gab es diesen Gegensatz zwischen militärischen und zivilen Besatzungsverwaltungsorganen erst mit der Einsetzung des Generals v. Hanneken. Doch auch danach hielt der Reichsbevollmächtigte Best an seiner Vorstellung der Verständigungspolitik fest. Insgesamt gab es in der wirtschaftlichen Zusammenarbeit mit dänischen und norwegischen Unternehmen aus deutscher Sicht wenig Schwierigkeiten. Mehr noch, es drängt sich der Eindruck auf, dass – die Bedingungen des Krieges berücksichtigt – selten etwas zu wünschen übrig blieb. Dieser Eindruck wäre zu veri- oder falsifizieren. Allerdings ging die Besatzungsverwaltung aus NS-Sicht in Dänemark geradezu mit Behutsamkeit vor: "Bei der planmäßigen Erfassung der freien Kapazitäten durch W Stb musste ferner mit einer gewissen Vorsicht vorgegangen werden, um bei den Dänen nicht den Eindruck einer Industrie-Spionage zu erwecken;..."[20] Hier wird eine rassistisch bedingte Verhaltensweise deutlich, in Osteuropa oder auch in Frankreich wurden derartige Rücksichten nicht genommen. Aus komparativer Perspektive drückte Philip Giltner sogar sein Erstaunen über das deutsche Verhalten in Dänemark aus.[21] Unterschiedliche Verhaltensweisen existierten auch zwischen deutschen Unternehmen. Während man sich bei Siemens Gedanken machte, dass ein zu aggressives Auftreten langfristig ehe schaden würde, da man mit den gleichen Partnern auch in Friedenszeiten Geschäfte machen wollte, sind ähnliche Überlegungen sei-

18. Befehl des OKW (Oberkommando der Wehrmacht) vom 18.4.1940, zitiert nach: Umbreit, Hans (1989), Die deutsche Besatzungsverwaltung: Konzept und Typisierung, in: Michalka, Wolfgang (Hg.): Der Zweite Weltkrieg, Analysen, Grundzüge, Forschungsbilanz, München/ Zürich, S. 710-727, S. 716.
19. Geschichte Norwegen II, S. 29. "Die enge Verbindung zum Reichskommissar verfolgte zugleich den Zweck, die Einhaltung der von der obersten politischen Führung dem Lande Norwegen gegenüber gewünschten politischen Linie (...) bei allen den Maßnahmen des W Stb zu gewährleisten, die erhebliche Eingriffe in das Wirtschaftsleben des Landes darstellten." (ebenda). Vgl. die umfassende Wertung von Bohn, Reichskommissariat.
20. Geschichte Dänemark II, 1.10.1940-31.12.1941, S. 8 (W Stb: Wehrwirtschaftsstab).
21. Giltner, Philip, "In the Friendliest Manner". German-Danish Economic Cooperation During the Nazi Occupation of 1940-1945, Peter Lang, New York 1998.

tens der AEG nicht überliefert. Ähnlich galt selbst unter den Besatzern die Dresdner Bank als erheblich aggressiver als andere Geldinstitute.[22]

Die dritte Ebene, die langfristige Vorbereitung einer Großraumwirtschaft, war der Besatzungsverwaltung durchaus geläufig: "Um Norwegens Wirtschaft im Rahmen der von Reichsmarschall Göring vorbereiteten GROSSRAUMWIRTSCHAFT zweckmäßig einzugliedern, wurde vom OKW die Übermittlung der monatlichen Lageberichte an den im Reichswirtschaftsministerium mit der Federführung beauftragten Ministerialdirektor Dr. Schlotterer veranlaßt."[23] Indessen existierten viele mit einander konkurrierende Pläne, die sich z.T. blockierten. Der Vorschlag des Auswärtigen Amtes, eine deutsch-dänische Währungsunion einzurichten, scheiterte nicht nur am dänischen Widerstand, sondern auch am Widerspruch des deutschen Reichswirtschaftsministeriums. Die Umorientierung der nordischen Wirtschaft erfolgte, weil der Warenaustausch praktisch nur mit bzw. über Deutschland abzuwickeln war. Von einer umfassenden Vorbereitung der Großraumwirtschaft während des Krieges kann kaum die Rede sein kann; Tendenzen ließen sich jedoch sehr wohl erahnen.

Modernisierung infolge der Besatzungsherrschaft?[24]

In der historischen Wissenschaft ist diese These von Rainer Zitelmann und anderen Autoren aufgegriffen und eine Diskussion entfacht worden.[25] Ist im Norden tatsächlich eine dem Nationalsozialismus zuzuschreibende Moderni-

---

22. Hierüber wurden sogar Witze gemacht im Stile: "Wer marschiert hinter dem ersten Tank? Das ist Doktor Rasche von der Dresdner Bank", vgl. Bähr, Johannes (1999), Der Goldhandel der Dresdner Bank im Zweiten Weltkrieg, Bericht des Hannah-Ahrendt-Instituts, Leipzig, Kiepenheuer; Office of the Military Government (US) Reports (2002), War Crimes of the Deutsche Bank and the Dresdner Bank, ed. by Christopher Simpson, New York, London, Holmes & Meier; Wixforth, Harald (2001), Auftakt zur Ostexpansion. Die Dresdner Bank und die Umgestaltung des Bankwesens im Sudetenland 1938/39, Dresden, Hannah-Arendt-Institut für Totalitarismusforschung e.V.
23. Hervorhebung im Original (Geschichte Norwegen I, S. 36).
24. Diese Frage ist natürlich politisch heikel. Trotzdem darf sie nicht ausgelassen werden, weil sie damit einer nichtwissenschaftlichen Diskussion überlassen würde.
25. Prinz, Michael/Zitelmann, Rainer (1991), Nationalsozialismus und Modernisierung, Darmstadt; Zitelmann, Rainer (1990), Nationalsozialismus und Moderne. Eine Zwischenbilanz, in: Süß, Werner (Hg.), Übergänge. Zeitgeschichte zwischen Utopie und Machbarkeit. Festschrift für H. G. Bütow, Duncker und Humblot, Berlin, S. 195-223; vgl. Mommsen, Hans (1995), Noch einmal: Nationalsozialismus und Modernisierung, in: Geschichte und Gesellschaft, S. 391-402.

sierung nachzuweisen? Unter Modernisierung verstehen wir verschiedene, miteinander verflochtene Entwicklungstendenzen, die ebenso intentionalen wie auch autochthonen Ursprung haben können – hier interessiert aber allein der mögliche Transfer. Die genannten Tendenzen sind durch eine Reihe von Zügen charakterisiert, von denen für die Wirtschaft die Durchsetzung des Leistungsprinzips, technische und organisatorische Innovationen, Rationalisierung, horizontale und vertikale Mobilität, soziale Differenzierung sowie politische Partizipation die wichtigsten sind.

Während Teile der Modernisierung, wie z.B. politische Partizipation von vornherein ausgeschlossen werden können, ist es mit anderen, insbesondere den technischen und wirtschaftlichen Teilen, nicht so einfach. Es gibt einige Indikatoren, die in diese Richtung weisen. So hat die Norsk Hydro sich erst nach dem Zweiten Weltkrieg zu einem bedeutenden Aluminiumhersteller entwickelt. Dieser Erfolg basierte zum größten Teil auf den während des Krieges erworbenen Kompetenzen.[26] Generell kommt Kjetil Gjølme Andersen zu dem Schluss, dass die Okkupation *aus rein ökonomischer Sicht* der norwegischen Wirtschaft eher geholfen als geschadet habe.[27] Gab es eventuell einen Technologietransfer von deutschen (oder gar niederländischen, französischen) zu dänischen Werften? Theoretisch hätte mit einem Auftrag auch der Transfer von z.B. technischen Zeichnungen oder ein Austausch von Ingenieuren verbunden sein können. – Technische und organisatorische Innovationen waren wohl auch mit dem Ausbau der Straßen- und Schienennetze verbunden.

Umgekehrt ist zu fragen, ob und in welchem Umfang es Technologietransfer aus den besetzten Gebieten nach Deutschland oder in andere besetzte Staaten gab, immerhin sprach der Wirtschaftsstab Dänemark in seiner Geschichte die Industriespionage an (s.o.). In welchem Umfang sind Patente,

---

26. Andersen, Hydro 1905-1945, S. 433. Vgl. Hagen, Ingerid (1996), Norsk Hydros deltagelse i de tyske lettmetallplanene 1940-1943. Motiver og etterkrigsreaksjoner, (hovedoppgave), Oslo; Kjetil Gjölme Andersen/Gunnar Yttri (1997), Et forsök verdt. Forskning og utvikling i Norsk Hydro gjenom 90 år. Universitetsforlaget, Bergen; Petrick, Fritz (1998), "Ruhestörung". Studien zur Nordeuropapolitik Hitlerdeutschlands, Edition Organon, Berlin.

27. "Disse overføringene bidro til at Norge i økonomisk forstand slett ikke kom så dårlig fra okkupasjonen. Det var lite ved tyskernes framferd her i landet som minnet om det systematiske utplyndringen av områdene i Øst-Europa. Innfør enkelte sektorer hadde tyske investeringer lagt et grunnlag som skulle komme norsk næringsliv til gode etter krigen." Andersen, S. 433.

Warenzeichen usw. enteignet, unentgeltlich genutzt oder unter Druck unfreiwillig an deutschen Firmen verkauft worden? – Ein Vorgang der zur Ebene des Plünderns gerechnet werden sollte.

Auch die Dimensionen der Aus- und Weiterbildung, der Qualifizierung von Arbeitskräften sind in der Forschung noch offen. Norwegische und dänische Ingenieure sind während des Krieges an deutschen Hochschulen ausgebildet worden. Dänische Arbeitskräfte haben in bedeutendem Umfang in Deutschland gearbeitet, norwegische und dänische Baufirmen sind in großem Umfang für deutsche Stellen tätig geworden. Gab es hier Lernprozesse, die zu nennenswertem technologischen oder organisatorischen Transfer und damit zur Vergrößerung des Modernisierungspotenzials führten?

Die verschiedenen Dimensionen des Transfers sind meines Wissens für Skandinavien noch nicht aufgearbeitet worden. Es ist aber nicht auszuschließen, dass sie für die Nachkriegsentwicklung der Wirtschaft im Norden eventuell einen wichtigen Beitrag leisteten.

Hat der Ausbau der Infrastruktur besonders in Norwegen in der Nachkriegszeit wirtschaftliche Wachstumseffekte zumindest mitverursacht? Ebenso steht die Gegenrechnung aus: Wie sind die großen finanziellen Entnahmen der Besatzer aus dem Staatshaushalt behandelt und verkraftet worden? Input- Outputkalkulationen, ein Instrument, dass in der Nachkriegs- und Wiederaufbauzeit noch nicht zur Verfügung stand, könnte hier auf volkswirtschaftlicher Ebene Auskunft geben.

Gerade eine Bearbeitung der Modernisierungsfrage kann nicht mit dem Kriegsende abgebrochen werden. Welche ökonomischen Beiträge sind nach 1945 aus den Enteignungen erwachsen? Sind die "arisierten" Unternehmen an ihre ehemaligen Eigentümer zurückerstattet worden? Dies hätte, abgesehen von der persönlichen und politischen Dimension, in ökonomischer Hinsicht das unternehmerische Potenzial des Landes vergrößert. Mit dem enteigneten deutschen Besitz hat Schweden nach 1945 gezielt einen gemeinwirtschaftlichen Sektor als Gegengewicht gegen den kapitalistischen aufgebaut und damit eine neue Etappe der wirtschaftspolitischen Entwicklung eingeleitet – so die These von Sven Nordlund.[28] Gab es nennenswerte quantitative oder qualitative Auswirkungen der Enteignungen auch in den anderen Staaten? Schließlich sind die Zahlungen der "Wiedergutmachung" im Rahmen

28. Nordlund, Sven (1988), Skördetid eller maktpolitisk anpassning? De tyska företagen: Sverige efter andra världskrieget, Umeå.

der Globalabkommen zwischen den nordischen Staaten und der Bundesrepublik Deutschland Ende der 1950er bzw. Anfang der 1960er Jahre zu bewerten.[29]

Moral und Legitimität

Traditionelle Darstellungen sind häufig von einem realpolitischen Ansatz ausgegangen. Insbesondere in den Nachkriegsjahren sind Werke erschienen, die nicht nur wissenschaftlichen Charakter hatten, sondern unter dem Eindruck des Krieges gleichzeitig eine bestimmte politische Sichtweise transportierten. Konsens und nationale Einheit standen im Vordergrund. Im Wissen um die Wirkung von Deutungsherrschaft sammelte die norwegische Widerstandsbewegung unmittelbar nach Beendigung der Besetzung Dokumente, Fotos, ließ Berichte neu erstellen und sammelte alles im Widerstandsmuseum in Oslo. Ähnlich umfassende Sammlungen existieren nicht für Dänemark und Finnland.[30] Dies lag nicht nur daran, dass der Widerstand in den genannten Ländern kleiner war und später einsetzte (1943 bzw. 1944/45), sondern auch daran, dass er politisch nicht so gebündelt aufgetreten war wie in Norwegen. In Dänemark hatte die Furcht vor einer kommunistischen Machtübernahme den Widerstand gespalten, verkleinert und seine Darstellung nach 1945 unausgewogen werden lassen. Möglicherweise ließen in Finnland die "Waffenbrüderschaft" erst mit Deutschland, ab 1944 dann der Wechsel zur Sowjetunion, sowie nach 1945 die politische Abhängigkeit von der UdSSR zeitweilig Interpretationen hervortreten, die ihrerseits auf die Realpolitik zur Zeit des Schreibens Rücksicht nahmen oder nehmen mussten. Solche Werke wurden im Zeitpunkt ihres Entstehens nicht nur als wissenschaftlich korrekt, sondern auch als moralisch einwandfrei betrachtet. Mit dem Fortschreiten der Zeit änderten sich die moralischen Präferenzen allgemein; seit den 1980er Jahren bewegten sie sich von kollektiven hin zu mehr individualistischen Sichtweisen. Es ging nicht nur um die Haltung von Gruppen, sondern von Indivi-

29. Vgl. Hockerts, Hans Günter/Moisel, Claudia/Winstel, Tobias (Hrsg.), Grenzen der Wiedergutmachung. Die Entschädigung für NS-Verfolgte in West- und Osteuropa 1945-2000, Wallstein, Göttingen 2006 (i.E.) Für Dänemark und Schweden: Schröter, Harm G., "Diesen guten Willen anerkennen": Die Globalabkommen mit Dänemark (1959) und Schweden (1964), ebenda.
30. In Westeuropa haben die Niederlande den größten Aufwand betrieben, die seit dem Krieg ein großes Forschungsinstitut (NIOD) im Amsterdam betreiben.

duen. Die Bücher von Gerard Aalders und Cees Wibes, sowie von Maria-Pia Boethius sind Beispiele für strenge, im Fall von Aalders und Wibes z.T. sogar einseitige moralische Maßstäbe, wie sie heute in der Öffentlichkeit gefordert werden.[31] So haben Aalders und Wibes akribisch belastendes Material zusammengetragen, entlastendes aber nicht berücksichtigt, weil sie eine moralische Mission erfüllen wollten. Ähnliches gilt für die historische Besatzungsforschung der sozialistischen Länder, wie sie besonders in den "Anatomie"-Bänden deutlich wurde.[32] Die Moral der heutigen *political correctness* erfordert andere Maßstabe als jene der 1950er und 1960er Jahre. Dies kann man durchaus als positiv und Fortschritt werten, doch könnte es sein, dass kommende Generationen unsere heute gesellschaftlich akzeptierten Maßstäbe wiederum als absolut unzulänglich erachten. Daraus ergibt sich die Frage, ob Moral als wissenschaftliches Instrument überhaupt brauchbar ist. Vordergründig wohl kaum! Jedoch ist sie als persönliche Haltung und als Triebkraft in der Auseinandersetzung mit dem Faschismus unersetzlich.

Statt um Moral sollte die Auseinandersetzung um die Legitimität gehen. In Nord- und Westeuropa ging es der deutschen Besatzung durchaus darum, ihre Machtausübung so weit wie möglich zu rechtfertigen. Nationale Symbolik, Institutionen und Verfahren wurden erlaubt und weitergeführt, wenn sie nicht als Widerstandssymbolik interpretiert wurden. Ein Minimum an Legitimität war die Voraussetzung der für Nord- und Westeuropa bevorzugten Form der Besatzungsherrschaft durch die sog. Aufsichtsverwaltung, die den Verwaltungs- und Polizeiapparat des Landes zu integrieren versuchte. Dabei verstand sich die jeweilige deutsche Besatzungsverwaltung nicht als reine Verwaltung, sondern eher als Regierung mit Sondervollmachten. Sehr klar wird diese Selbsteinschätzung in einer 18-seitigen Zusammenfassung der Militärverwaltung "in den westlichen Gebieten Europas" vom Oktober 1944, die mit "Allgemeine Erfahrungsgrundsätze" überschrieben wurde.[33] Darin wird begründet, warum sich die Militärbesatzungsverwaltung "auf das Regieren beschränkt" hat und nicht selbständig verwaltete. Die stärkste Ausprägung dieser Herrschaftsform war auf den britischen Kanalinseln anzutreffen. Hier

31. Ich halte es für keinen Zufall, dass Boethius und Wibes Journalisten sind (Aalders ist Skandinavist).
32. Eichholtz, Dietrich/Schumann, Wolfgang (Hg.) (1969), Anatomie des Krieges, Berlin (DDR); Hass, Gerhart/Schumann, Wolfgang (Hg.) (1972), Anatomie der Aggression, Berlin (DDR).
33. BA-MA, Bestand RW 36, Band 447, Pag. Nr. 23-40.

wurde nicht nur der Verwaltungsapparat unverändert genutzt, sondern sämtliche diplomatischen Formalitäten des gegenseitigen Respekts zelebriert, einschließlich der Verwendung der britischen Fahne bei der Grablegung gefallener englischer Soldaten.[34] In dieser Aufsichtsverwaltung nahm die Wirtschaft jedoch eine Sonderstellung ein, weil die Besatzungsmacht Güter und Dienstleistungen bekommen wollte: "In der verwaltungsmäßigen Regelung der wirtschaftlichen Verhältnisse des besetzten Gebietes sind aus naheliegenden Gründen mehr eigene Maßnahmen der Militärverwaltung und mehr Ausnahmen von Grundsatz einer zurückhaltenden Verwaltungsaufsicht erforderlich als auf allen übrigen Verwaltungsgebieten (mit Ausnahme der Gewährleistung der Ordnung und Sicherheit)."[35]

Alle Entscheidungsträger der einheimischen Wirtschaft mussten sich mit der Legitimitätsfrage auseinandersetzen. Das war häufig nicht einfach, weil die Verhandlungspartner in der nationalen Verwaltung und auch im Kontakt (Exporthandel usw.) mit deutschen Firmen in der Regel nicht gewechselt hatten. Wie alle Menschen waren auch die Unternehmer hier zu Lern- und Anpassungsprozessen aufgerufen. Generell darf gelten, erst wenn die Legitimitätsfrage der Besatzungsherrschaft eindeutig negativ beantwortet wird, wird die entsprechende Person zu Widerstandshandlungen bereit sein. Was den Entscheidtungsträgern recht ist, kann für den normalen Arbeitnehmer nur billig sein. Während die Arbeitslosigkeit in beiden Ländern bis 1940 groß war, änderte sich dies infolge der Besatzung. Naturgemäß wurde die Schaffung von Arbeitsplätzen erst einmal als positiv empfunden – ein Faktor, welchem Widerstandhandlungen strukturell entgegenstanden. So wussten z.B. auch die dänischen Bauern sehr wohl, wer ihre Produkte erhielt. Das hat sie aber nicht davon abgehalten, die günstige Situation wirtschaftlich auszunutzen. Anscheinend ist selbst im dänischen Widerstand die Frage, ob diese lohnenden Anstrengungen der Landwirte moralisch oder politisch zu vertreten sei, nicht diskutiert worden.[36]

---

34. Bunting, Madeleine (1995), A Model Occupation: The Channel Islands under German Rule, 1940-1945, HarperCollins, London.
35. Best, Werner (1941), Die deutsche Militärverwaltung in Frankreich, in: Reich, Volksordnung, Lebensraum, Zeitschrift für völkische Verfassung und Verwaltung, Bd. 1, S. 29 – 76, S. 47. Zur Zeit der Abfassung seines Manuskriptes (beendet am 1.6.1941) bekleidete Ministerialdirektor Dr. Best die Stelle des Kriegsverwaltungschefs in Frankreich.
36. Vgl. Lund, Hitlers spisekammer.

Die öffentlichen (bzw. halböffentlichen) Auseinandersetzungen um Legitimität sind als ein wesentlicher Schlüssel für das Verhalten der Bevölkerung anzusehen. Sie standen deshalb im Zentrum eines ESF-Programms zur Besatzungsherrschaft.[37] Eine bestimmte Verhaltensweise in der Geschichte ist zuerst im Rahmen der zeitgenössischen Legitimität zu beurteilen. Erst danach sollte in einem zweiten Schritt die – gerade in der Auseinandersetzung mit dem Faschismus unverzichtbare – moralische Wertung nach unseren heutigen Standards einsetzen.

---

37. U.a. "Moments of Transition in Legitimacy", Workshop der ESF (European Science Foundation) im November 2002 (vgl. Anm. 1).

Occupation and Industry

The Industrial Development in The Netherlands, 1940-1945[1]

Hein A.M. Klemann

Introduction

New calculations suggest that Dutch industrial production did not decline before the end of 1941.[2] The first year and a half of the Second World War was the best the Dutch economy experienced in a decade (table 1). Although in 1941 profits were slightly down compared to those of 1940, they were much better than they had been since the start of the Depression. The short military confrontation with the invading German army in May 1940 had created a slump, but by August German orders were making up for the losses. Industrial growth and demand in the public sector together sustained Dutch GDP through 1941. Until 1942, the internal economy was booming, but the loss of overseas investments especially in the Netherlands Indies (Indonesia) and the USA resulted in a decline of national income, while due to the German tribute the available national income even slumped. However, until 1942 developments in all these series are positive relative to the circumstances (table 2). Only from 1942 on, the year that the German occupation policy changed, industrial production and GDP in the Netherlands declined and the available national income decreased dramatically. The Dutch fell into poverty. The important difference between these two periods resulted from a change in the point from where the economy was exploited. The German authorities in The Hague, who until 1942 could influence the exploitation, were also responsible for social and political peace in the occupied country. Moreover, Seyss-Inquart, the German *Reichskommissar*, had orders from his

1. Special thanks for his wise remarks on an earlier version of this paper go to Maarten Prak.
2. For more extensive references see: Hein A.M. Klemann, *Nederland 1938-1948. Economie en maatschappij in jaren van oorlog en bezetting* (Amsterdam 2002).

Table 1 *Real added value in industry in million guilders and industrial employment in 1000 full time jobs 1938-1948. Prices 1938=100*

	Building	Mining	Metal	Textiles	Industrial production	Index	Industrial employment	
							Total in 1000	Index 1938=100
1938	299	91	289	93	1584	100	860	100
1939	364	99	327	110	1780	112	908	105
1940	379	88	294	141	1697	107	904	106
1941	428	86	419	125	1790	113	987	117
1942	282	71	350	113	1482	94	915	111
1943	239	69	336	62	1321	83	830	100
1944	231	35	254	44	1046	66	759	95
1945	254	30	248	56	1061	67	689	85
1946	251	53	350	87	1375	87	968	117
1947	320	80	488	128	1794	113	1103	121
1948	372	105	556	140	1948	123	1227	144

Sources: Own calculations based on: Rijksverzekeringsbank, *Ongevallenstatistiek* 1938-1948; CBS, *Jaarcijfers voor Nederland 1943-1946*; Klemann, 'De legale en illegale productie in de landbouw'; H.J. De Jong, *De Nederlandse industrie*, 167; Economisch Historische Bibliotheek (NEHA) Collectie jaarverslagen; CBS, *Jaarcijfers voor Nederland; Van Oss' Effectenboeken* 1938-1952.

Führer to ensure that the 'Germanic' Netherlands in some years would accept being merged in a 'Germanic' *Reich*. In 1942, Berlin authorities took charge of the exploitation. They were responsible for the war economy and had no interest in the political considerations that had blunted the exploitation so far.

In the first years of the occupation, due to the well-organised rationing system and the disappearance of unemployment, the population did not fall into poverty. The incomes of the classes hit hardest by the Depression actually increased. The unemployed returned to work, small shopkeepers could sell everything they could acquire, and farmers received better prices, while the new tax system of 1941 and a new family allowance scheme resulted in improved real incomes for the poor and families with children. Food rationing in the first years even improved health conditions. The labouring classes received rations many of them could not have afforded before the war, while at the same time the middle class' gluttonous consumption of butter, eggs, bacon and other fats was limited to a scale more in accordance with modern standards.[3] Only from 1942 was it no longer possible to limit the income decrease to the well to do. The drop in national income, but especially the doubling of the German tributes, made that impossible. Speer's success in increasing German war production partly resulted from the effective way he exploited the occupied territories. The fact that in the Netherlands organised resistance against the occupation only started in earnest from 1942, also suggests that acceptance of the occupation was closely related to the possibility of keeping the war out of everyday life. In most occupied countries, the war started with an economic setback, and social and political disaffection became manifest immediately. In the Netherlands, where the occupation brought the end of the Depression, political dissatisfaction was manifested in symbolic nationalist and Orangist demonstrations especially among young people, but the economic situation created political and social stability. This situation was the result of the economic war preparation of the pre-war Government, but also of the German policy in the early occupation period. Enormous German orders and the acceptance of these by Dutch industry brought booming business. The German orders and the change of German policy in 1942, but also the Dutch attitude before and after 1942 will be the focus of this paper.

Raw Materials

In the middle of the 1930s, it became clear to the Dutch government that it would be necessary to prepare for a situation of isolated neutrality, as in the last war, if not for a German attack. From 1914-1918 dependency on overseas raw materials had proved to be dangerous. Therefore economic war preparations in the 1930s included stockpiling. From 1938 on both the government and private enterprise hoarded enormous quantities of raw materials. During the 'phoney war' of September 1939 to May 1940, stockpiling continued, although Britain and France tried to prevent it and most products could only be imported from overseas. As a result every ship was delayed one or two weeks in one or another British or French port. The remarkable fact that during this period of neutrality The Hague had more diplomatic conflicts with its later allies than with Berlin was a result of the country having a strategic

3. Gerard Trienekens, 'The food supply in The Netherlands during the Second World War.' In: David F. Smith and Jim Philips, *Food, Science, Policy and Regulation in the Twentieth Century. International and Comparative Perspectives* (London 2000) 117-133, esp. 121.

Table 2. *Real national product and national income in million guilders 1938-1948. Prices 1938=100.*

	GDP	Index 1938 =100	Net national income			Income transfers (from 1940 on German tributes)	Available national income	
			Million guilders	Index	Index CBS		Million guilders	Index
1938	5709	100	6017	100	100	2	6019	100
1939	6098	107	6389	106	106	1	6390	106
1940	6045	106	6011	100	92	-408	5603	93
1941	6118	107	6099	101	88	-1139	4960	82
1942	5579	98	5597	93	80	-2206	3391	56
1943	5507	96	5565	92	78	-2553	3012	50
1944	4991	87	5040	84	52	-2133	2907	48
1945	4890	86	4940	82	53	-391	4549	76
1946	5960	104	6022	100	91	–	6022	100
1947	6672	117	6710	112	104	–	6710	111
1948	7330	128	7351	122	115	–	7351	122

Sources: Calculations see: Klemann, *Nederland 1938-1948*; standardised time series of the stock of fixed capital in the Netherlands', in, *Research-Memorandum GD 25* (Groningen 1996); CBS, *Jaarcijfers voor Nederland 1947-1950* (Utrecht 1951); CBS, *Macro-economische ontwikkelingen 1921-1939 en 1969-1985. Een vergelijking op basis van herziene gegevens voor het interbellum* (Den Haag 1987).

concept in which no one outside The Hague believed.[4] The neutral Dutch knew quite well that there was little chance to stay outside the war as they had in the First World War, but their leaders and military assumed they could defend the Fortress Holland for several months. This Fortress, created by breaking dikes, covered the heart of the country. The Hague also assumed that after these months, Britain, for good reason seen as an informal ally, would come to rescue the Dutch. During the three or four months the country was to defend itself alone, it needed stocks not only to feed its population and soldiers, but also to keep its industry going.[5] London and Paris did not believe in this strategy. Whitehall rightly thought that the poorly trained and armed

4. H.P. Waalwijk, *Whitehall en Plein. De betrekkingen tussen Groot-Brittannië en Nederland 1930-1940* (Utrecht 1985) 160.
5. I.J. Blanken, *Geschiedenis van Philips Electronics NV IV (1935-1950) Onder Duits beheer* (Zaltbommel 1997) 119 en 139 e.v.

Dutch army might only keep the Germans occupied for a few days.[6] Therefore, London and Paris tried to prevent Dutch stockpiling, as it could only result in delivering important raw materials to the enemy. For the same reason Berlin had no objection to it. As it was, Dutch stockpiling was successful: almost every branch had enough stock for normal use for more than six months. For some strategic products, stocks were even bigger.

Before the war, The Hague not only built stocks but also founded, in almost every branch of industry, *Rijksbureaus* – National Offices – whose duty it was to regulate stock building and the use of raw materials. To prevent the use of stocks for production unnecessary in a period of scarcity, these institutions – twenty all together – could grant or refuse permission for trade, transport and the use of raw materials, even to companies who already owned them.[7] The *Rijksbureaus* started their job in 1939 by sending a questionnaire to every company in its branch demanding to know the size of its stocks.[8] The government had two targets with these institutions: to keep consumption of the population on a reasonable level, and to protect industry from ruin.[9] However, because the officials of the *Rijksbureaus* came from industry, most proved much more interested in their second than in their first target.

May 1940

After the German attack of May 10, 1940 the Netherlands were defeated in a few days. As a result, Dutch industry fell undamaged into German hands. For Germany, it seemed pressing to involve the Dutch industry in its war production. This involvement was one of the reasons for general Georg Thomas,

---

6. J. Houwink ten Cate, *'De mannen van de daad' en Duitsland, 1919-1939. Het Hollandse zakenleven en de vooroorlogse buitenlandse politiek* (Den Haag 1995) 189; Mariska Vonk, *Tussen twee vuren. De Nederlandse handel in de neutraliteitsperiode, 3 september 1939-10 mei 1940*, (MA-thesis Universiteit Utrecht 1998) 11; Rianne Bisseling en Mariska Vonk, 'Handel gedurende de neutraliteitsperiode', in, Hein A.M. Klemann (ed.), *Mooie jaarcijfers...* (Utrecht 1997) 34-47, here 45.
7. ARA, The Hague, Archief Handel en Nijverheid, inv.nr. 9672: memorandum Van der Kooy: De toepassing en handhaving der distributiewet 1939, 29 mei 1941, 3.
8. Hein A.M. Klemann, Marleen Arbouw, Renate Scheek, Mariëlle Scheerhoorn en Bony Steijgerwald, "Schaarste aan grondstoffen", in, Klemann, *Mooie jaarcijfers...* 48-76, 49.
9. C.N.F. Swarttouw, *De textielvoorziening van Nederland gedurende den bezettingstijd 1940-1945* (Amsterdam 1947) 534; A.J. van der Leeuw, *Huiden en leder, 1939-1945. Bijdrage tot de economische geschiedenis van Nederland in de Tweede Wereldoorlog* (The Hague 1954) 53-57.

head of the *Wehrwirtschafts- und Rüstungsamt* (the economic office of the German army) to appoint already on May 22, a week after the Dutch capitulation, an officer to ensure that Dutch industry would start production. He wanted the Dutch to produce everything Germany needed, especially aircrafts, ships, machinery, uniforms and arms. Already in early June, his officer managed to get the metal industry to start work on German orders, only with a very small and soon forgotten limitation. It was the first and most important of the industrial branches to co-operate with the occupation authorities. Others would soon follow, and before the end of the year, industrial employment in the Netherlands was greater than ever before.[10]

However, another reason why Thomas was in such a hurry to involve the Dutch industry in the German war production was probably political. Hitler had decided on May 18, four days before Thomas sent his officer, that the occupied Dutch territories would get a high ranking Nazi, dr. Arthur Seyss-Inquart, as their viceroy, not a military official. At that time, Seyss-Inquart was Hitler's second in command in occupied Poland. The authorities in Berlin, especially Thomas and Göring, had been extremely unhappy about the Polish occupation regime. They feared that Seyss-Inquart learned from the governor general in Warsaw, Hans Frank, how to keep Berlin busybodies out of his backyard.[11] If Thomas wanted any influence on Dutch industry, he needed a foothold in the country before Seyss-Inquart would arrive. Thomas, a professional army officer without power of his own, probably feared that he was not strong enough to get Seyss-Inquart out of the way. Together with Göring he made sure that the army had a strong position in The Hague before the arrival of the *Reichskommissar.*[12] Thomas knew how to handle a man like Göring, and asked for his co-operation only two days after he sent his officer. As a

10. L. de Jong, *Het Koninkrijk der Nederlanden in de Tweede Wereldoorlog,* ('s-Gravenhage 1969-1991) Vol. 4, 185.
11. J.Th.M. Houwink ten Cate, 'Generaal Winkelman, secretaris-generaal Hirschfeld en de Duitse bezettingspolitiek in mei-juni 1940.' In: *Bijdragen en Mededlingen betreffende de Geschiedenis der Nederlanden* 105 (1990) 186-230, esp. 204-205; also Overy, Göring, *The 'Iron Man',* 119.
12. For the problematic relation between Göring and Thomas, see Ian Kershaw, *Hitler 1936-45: Nemesis* (Harmondsworths 2000) 225 and 345-346; Alan Bullock, *Hitler and Stalin. Parallel Lives* (London 1993^{6}) 590. See also: Overy, *War and Economy in the Third Reich,* passim; Golo Mann, *Deutsche Geschichte 1919-1945* (Frankfurt-am-Main 1986) 166-167; William Shirer, *The Rise and Fall of the Third Reich* (Greenwich Conn. 1962^{4}) 558, 691, 744-745 and 809; Albert Speer, *Erinnerungen* (Frankfurt-am-Main 1976) 197-198; Overy, *Göring, the 'Iron Man',* 71.

result, on May 24, Göring and Thomas established a *Rüstungsinspektion* in The Hague, with authority to place military orders with Dutch industry. When on May 29 Seyss-Inquart was installed as Reich Commissioner in The Hague, he found that his rivals already had an office there. The Reich Commissioner now felt he had to find a way to get rid of his rivals, not only because his power might be undermined, but also because the policy of these men could become a threat to his foremost duty, to win over the Dutch for a political future inside the *Reich*.

Since Hitler's campaign against Poland of 1939, developments went so fast that Göring, the first man in the German war economy, hardly had time to make plans for the economies of the occupied territories. In the first place, he therefore used these new territories to get the raw materials he lacked.[13] Göring, who according to general Thomas knew very little about economics,[14] saw occupied territories as sources of booty. Regarding the situation in France, Göring publicly stated in August 1940 that he regretted modern procedures; in the past, conquered territories were simply plundered. It was an idea in which he still believed.[15] Such a policy was especially attractive as, compared to those in Germany, France and Belgian stocks were large; those of the Netherlands were astonishing.[16] Even in 1942 a German officer reported to Berlin: *Die Beschaffung der notwendigen Roh- und Hilfstoffe bereitet bei der von den Niederlande getriebene Vorratspolitik zunächst keine Schwierigkeiten; die Niederlande hatten sich so reichlich eingedeckt daß – trotz starker Abzüge von Rohstoffe ins Reich – die vorhandenen Bestände bis weit ins Jahr 1941 zur Fertigung deutscher Aufträge mit herangezogen werden konnten.*[17] Germany in the meantime had more and more problems with the supply of raw materials. Therefore, in the first months of the occupation of France and Belgium the

13. Overy, *Göring, the 'Iron Man'*, 138-139
14. Alan Bullock, *Hitler and Stalin. Parallel Lives* (Londen 19936) 590; also: Overy, *War and Economy in the Third Reich*, passim; Golo Mann, *Deutsche Geschichte 1919-1945* (Frankfurt-am-Main 1986) 166-167.
15. Milward, *The New Order and the French Economy*, 77.
16. Radtke-Delacor, 'La place des commandes allemandes à l'industrie Française', 13-14; See: Hein A.M. Klemann, Marleen Arbouw, Renate Scheek, Mariëlle Scheerhoorn en Bonny Steijgerwald, 'Schaarste aan grondstoffen.' In: Klemann (red.), *Mooie jaarcijfers*, 48-76; Hein A.M. Klemann, '"Belangrijke gebeurtenissen vonden niet plaats..." De Nederlandse industrie 1938-1948.' In: *BMGN*, 114 (1999) 506-552 (514).
17. NIOD 93, B4: Tätigkeitsbericht der Zast für Mai und Juni 1942. Den Haag, den 15. Juni 1942.

German economic policy in these countries focussed on obtaining raw materials and machinery. The Netherlands was an exception. Here the focus was not merely on obtaining stocks, but more importantly on placing industrial orders, which resulted in a different economic development. Nevertheless, half of the Dutch stocks went to Germany. The rest was used to continue production, which meant that in the end most of these raw materials, transformed into industrial products, also ended up in Germany. When the stocks were completely exhausted industry received new supplies of raw materials from Germany, but only as far as these were necessary for German orders. Such deliveries could not replace pre-war stocks. Those stocks used for German orders were not only meant to keep industry going, but also to save the population from shortages.[18] The fact that the *Rijksbureaus* from the Dutch side were first responsible for the stocks and that these institutions were officially divisions of the Ministry of Economics, but in fact independent institutions ruled by industry, made the pre-war policy to protect industry from ruin more important than the order to save the population from deficiencies.[19] As long as industry received enough orders and raw materials to continue production, the *Rijksbureaus* had no objections. Only when the occupier looted its raw materials did the bureaus complain with the Secretary General of the Dutch ministry of economics. In the summer of 1940 they had, however, very little to complain about.

Seyss-Inquart

The fact that Dutch industry was immediately called upon to produce for Germany was a result of the policy of Göring and Thomas, but it was also due to the reaction to the Göring-Thomas policy by Hitler's *Reichskommissar,* Arthur Seyss-Inquart. When, after the French defeat, Göring ordered raw materials be taken from Western Europe, Seyss-Inquart refused to do so in the Netherlands. Seyss-Inquart believed that the order to win over the Dutch for a German future implied that he had to protect the country from such requisitions. He preferred to let the Dutch produce for Germany themselves, which would result in additional employment and so terminate the social dis-

18. Enquêtecommissie regeringsbeleid 1940-1945, *Verslag houdende de uitkomsten van het onderzoek. Deel 2^C^. Verhoren. Zitting van donderdag 17 juni 1948, Subcommissie 1,* 364-365.
19. Klemann c.s., 'Schaarste aan grondstoffen', 56; De Jong, *Het Koninkrijk der Nederlanden, 2,* 164.

aster of the 1930s. Therefore, the *Reichskommissar* ensured that the Dutch industry would receive orders. The industrial production resulting from these orders was destined for Germany, but the resulting employment would be created in the Netherlands. Because of the need for new army recruits, Germany was already in need of manpower. According to L. de Jong, the Netherlands' most famous historian on the Second World War, Göring gave way to Seyss-Inquart and allowed Dutch companies to retain stocks for six months.[20] It seems unlikely, however, that Seyss-Inquart had this much influence on the decision. In August 1940, when the order came, it was a change in policy by the *Reichsmarschall*, regarding not only the Netherlands, but all countries of Western Europe. At that time, Göring was informed that Hitler had decided to attack the Soviet Union in the spring of 1941. Plundering countries whose industry could be useful suppliers for the German army, was not the most effective way to prepare German-occupied Europe for the coming campaign. Therefore, from September 1940 on, German orders were also placed in France and Belgium. Seyss-Inquart was merely responsible for the fact that the Netherlands already received such orders from June.

When the Reichs Commissioner arrived, he was confronted with a substantial and fast growing rate of unemployment. According to undisclosed Dutch statistics only three weeks after the capitulation 26% of the trade unionists with unemployment insurance were out of work; which implied that the overall number of unemployed was as high as 740,000.[21] This number was even higher than during the disastrous 1930s, and there was no reason to believe it would improve.[22] Shortly after his arrival, Seyss-Inquart announced that tackling unemployment was his first priority.[23] At the same time, however, he had to neutralise Thomas' and Göring's *Rüstungsinspektion*, in order to become master in his own domain. To that end, he made sure that orders from overburdened German companies were forwarded to Dutch firms, which marked the start of the *Auftragsverlagerung*. With his policy, Seyss-Inquart reinforced the stimulus to the economy that had resulted from

---

20. De Jong, *Het Koninkrijk der Nederlanden, 4,* 337-338; See also: Overy, *War and Economy in the Third Reich,*, 145.
21. CBS, *geheime notities.* A copy exists at the NIOD.
22. For a discussion of the figures: G.P. den Bakker en W. van Sorge, 'Het onbenut arbeidsvolume in het Interbellum.' In: *Economisch- en sociaal-historisch jaarboek,* 1991 (54) 212-240 (225-226).
23. J. Meulenbelt, *De Duitse tijd* (Utrecht 1955) 52.

the orders of the *Rüstungsinspektion*. In August, when German companies had already placed orders worth 375 million guilders, the *Reichskommissariat* founded an organisation to systematise this policy, the *Zentralstelle für öffentliche Aufträge*. This new institution was set up to stimulate the *Auftragsverlagerung* and to administrate and coordinate all German orders. The *Zentralstelle* even administrated orders from the *Rüstungsinspektion*. Officially, its aim was to prevent competition between German orders that might result in higher prices, but in fact, it was also Seyss-Inquart's instrument to dominate the economy. The organisation, therefore, was successful both because it resulted in fast growing industrial employment and because for a short period of time, it gave the *Reichskommissar* a complete grip on the situation, which probably was the reason for Göring to leave the *Rüstungsinspektion* to Thomas and thrust himself upon Seyss-Inquart. Moreover, passing on the overabundance of orders from the German industry to the industry of occupied countries – *Auftragsverlagerung*, a method Seyss-Inquart developed – seemed a very effective way to involve the occupied countries without central planning.

Belgian and French industry received orders from the German army, but only in the Netherlands did the German authorities immediately ensure that industry accepted orders from German companies.[24] Thanks to the enormous Dutch stocks, these *verlagerte Aufträge* soon became of great importance for the Dutch economy as well as the German war effort. In early June 1940, unemployment reached an historical peak, but then it almost completely disappeared within six months.[25] Already in December 1940 Seyss-Inquart could proudly declare in an interview in the *Völkischer Beobachter*, that he had solved the issue: *Das Problem der Arbeitslosigkeit ist gelöst, ja, in einzelnen Gruppen gab es noch nie so wenig Arbeitslose wie heute.*[26] He exaggerated only marginally. The establishment of a *Rüstungsinspektion* in The Hague and the way Thomas managed to activate industry again had contributed to this re-

24. Niod 93, B4: Tätigkeitsbericht der ZAST für Mai und Juni 1942. Den Haag den 15. Juni 1942; Niod 93, B4: Tätigkeitsbericht der ZAST für Juni und Juli 1944. Den Haag den 28. August 1942.
25. *Statistische berichten der Gemeente Utrecht, nr.* 24. Januari-September 1940, 2.
26. Ernst Erman, '"VB"-Gespräch mit Seyss-Inquart. Wie steht es in den Niederlande?.' In: *Völkischer Beobachter*, 1 Dezember 1940; 'Rijkscommissaris Seyss-Inquart over de situatie in Nederland.' In: *Keesings Historisch Archief*, 1-7 December 1940, 4471 D.

sult, but more important was the policy of Seyss-Inquart and his *Zentralstelle für öffentliche Aufträge*. Only from September on, pressure increased on French and Belgian industry to produce for the German warfare. By that time, Dutch industry was already flushed with orders for months. German orders in hand were worth 740 million *guilders*, or 11.5 per cent of 1940 GDP.[27] Göring founded his *Zentralauftragstellen (ZAST)* after the model of Seyss-Inquart's *Zentralstelle* and pressed Seyss-Inquart to accept him as his partner in his own organisation. The *Zentralstelle* now received the same name as its sister institutions in Brussels and Paris.

Dutch acceptance of German orders: the authorities

One of the reasons for the early acceptance of German orders in the Netherlands was the country's early defeat. In France or Belgium, orders only came in from September 1940, the month when it also became clear that the *Luftwaffe* had lost the Battle of Britain. Hopes were revived in occupied Europe that the German victories of the spring and summer months were not necessarily the beginning of a lasting German dominance. In the Netherlands, orders were first accepted and industry became involved in supplying Germany during a period when everything seemed lost. In 1940, the Dutch fought their first European war since 1830, when Belgium had won its independence. The fact that the country was so easily defeated was an unprecedented blow. As a result of the easy German victory, however, the economy was hardly damaged. Only Rotterdam was severely hit, but the important economic task of this city, that of the seaport for the Netherlands and the industry of the German Ruhr area, was subsequently lost for the duration of the war, since the Allied blockade made traffic impossible. Dutch industry and agriculture survived unscathed; there were enormous stocks of raw materials, which had recently been inventoried, and by May 20 workers went back to work again because they only received wages when they were on the job. They could not afford to lose income for another week and there may have been fears of new unemployment. Industrialists, meanwhile, had no experience

27. Hirschfeld, *Bezetting en collaboratie*, 154; CBS, *Macro-economische ontwikkelingen 1921-1939 en 1969-1985. Een vergelijking op basis van herziene gegevens voor het interbellum* (Den Haag 1987) 56.

with severe post-war punishment for producing for the enemy, as had happened in Belgium and France after the First World War. Few people were aware that production for Germany was potentially illegal, and if they were, the prohibition was not taken very seriously.

Just after the capitulation the Commander-in-Chief, General Winkelman, who represented the Government in the occupied country, asked the population to perform its normal duties. He later realised that it was against national and international law to produce arms for the enemy. Together with Secretary General Hirschfeld of the Ministry of Economics, the general then tried to prevent production of goods for direct military use, which resulted in an incident with Göring, who screamed at the Dutch general that he would send him to a concentration camp if he did not change his mind publicly. Shortly afterwards the general was indeed removed from his post and in June he was sent to a POW-camp.

Winkelman proved obstinate, but some pressure was enough for the industry to accept orders.[28] The idea that Germany had already won the war carried a lot of weight. Shortly after May 15, the day of the capitulation, this seemed a realistic point of view. On May 20, only ten days after the German attack, Dutch Prime Minister De Geer declared before the BBC that Dutch officials had to co-operate as much as possible with the Germans, and asked his people to behave peacefully and normally.[29] His predecessor Colijn, who during the interwar period had been Prime Minister five times and was the best-known and most respected statesman of his generation, emphasized that the future of Europe would be German and that the fate of England was of little significance for the Dutch anymore.[30] The chairman of the Second Chamber of Parliament, most newspapers and high officials also expressed their feeling that all that remained was to resume normality.[31] The next generation would have to accept that Berlin ruled Europe, like it or not.

---

28. Houwink ten Cate, 'Generaal Winkelman, secretaris-generaal Hirschfeld en de Duitse bezettingspolitiek', 186-230.
29. Enquêtecommissie regeringsbeleid 1940-1945, *Verslag houdende de uitkomsten van het onderzoek, 2A*, 161.
30. H. Colijn, *Op de grens van twee werelden* (Amsterdam 1940) 51.
31. L.G. Kortenhorst, 'Het economische leven.' In: J.J. van Bolhuis e.a, *Onderdrukking en verzet. Nederland in oorlogstijd II* (Arnhem s.a.) 201-289 (207).

Unemployment and deportation threats

Immediately after the capitulation, the Dutch authorities prohibited dismissals, but as a result of many exceptions and the fact that in a number of branches working hours were reduced from 48 to 36 hours, it only slightly limited the problem of unemployment. Hitler's decision to send the Dutch army home resulted in another 300,000 unemployed. Therefore, the 740,000 unemployed from the secret official statistics seem acceptable, even if we realise that in 1939 unemployment was still only at 384,000.[32] Immediately after the Dutch capitulation, officials of the Ministry of Economic Affairs wrote a dramatic memorandum for their Secretary General Hirschfeld, who was now in command of the ministry. The memo claimed that unemployment was completely out of control, and that a fall in the standard of living to the 1900 level should be expected.[33] When General Winkelman had to leave his post and it became clear that, because of industry's attitude, it would be impossible to maintain the position taken by the general, Hirschfeld decided that defeating unemployment was going to be his top priority. Before reaching this decision, however, the Germans moved in on the unemployed.

Within a couple of days of the capitulation, *Oberkriegsverwaltungsrat* (quartermaster-general) J. Schultze, a member of Von Falkenhausen's headquarters,[34] told a high Dutch official that the Dutch unemployed would be dispatched to Germany. After it became clear that Seyss-Inquart was sent to the Netherlands, Falkenhausen, the German officer who was supposed to head the military occupation regime, was sent to Brussels. In 1942 in Belgium Schultze would become responsible for the *Arbeitseinsatz.* In the first days of the occupation, it was estimated that, based on outdated statistics, unemployment in the Netherlands was at 350,000. In a meeting where Schultze's threat to send unemployed to Germany was discussed, several high-ranking Dutch officials considered it impossible to create more than a

32. CBS, *geheime notitie* (copy available at the Niod); Den Bakker en Van Sorge, 'Het onbenut arbeidsvolume', 221.
33. Houwink ten Cate, 'Generaal Winkelman, secretaris-generaal Hirschfeld en de Duitse bezettingspolitiek, 191-192.
34. About *Oberkriegsverwaltungsrat* Joseph Schultze little is known. His name, Schultze, is often wrongly spelled as Schulze. See: Ara Werkarchief Wentholt 1/XII, 308: Bespreking op 21 Mei 1940 van den Regeeringscommissaris Dr. Ir. Ringers inzake tewerkstelling van werkloozen. Tessel Pollmann gave me a copy of this document. Dirk Luyten of the Soma gave me the information regarding the exact spelling of this name.

150,000 jobs. Therefore, the new Commissioner for Reconstruction, J. Ringers, feared that soon hundreds of thousands unemployed workers would be taken to Germany. In fact, a flow of such dimensions only began in 1942.[35]

In June 1940, when General Winkelman was removed, the Ministry of Economic Affairs was confronted on one side with companies ready to work for the Germans, and on the other side with Germans who wanted to give orders to industry. Furthermore, he was faced with the almost unanimous opinion among pre-war Dutch authorities – even among a number of the ministers in London – that everything was lost and that accommodation was the only realistic option. At the same time unemployment increased dramatically, while German officers threatened to send unemployed to Germany. In addition, a dramatic decrease in the standard of living was forecast. Already on May 23 Ringers replied to a question regarding the target of the job creation programme, responding that economic arguments should not be the most important; instead it was necessary to tie as many people to the Netherlands as possible.[36]

The officials probably remembered how during the First World War in Belgium industry had refused to work for Germany. In reaction in 1916 the later German president, general Paul von Hindenburg had decided to deport 700,000 Belgian labourers to work in the German war industry. Although this war crime resulted in the departure of a mere 120,000 men, people remembered that many of them had not survived, while many others had returned crippled.[37] Therefore, after the departure of General Winkelman, creating as many jobs as possible received maximum priority. Even in 1972, more than thirty years later, the second man of the Dutch Ministry of Economic Affairs during war time, T.P. van der Kooy, defended this policy with a reference to employment.[38] It was for this reason that in June 1940 the Min-

---

35. A. Waalewijn, *Achter de bres. De Rijkswaterstaat in oorlogstijd* (Den Haag 1990) 44.
36. Ara Werkarchief Wentholt 1/XII, 308: Bespreking op 21 Mei 1940.
37. Sophie de Schaepdrijver, *De Groote Oorlog. Het koninkrijk België tijdens de Eerste Wereldoorlog* (s.l. 1999[5]) 215 e.v.
38. De Jong, *Het Koninkrijk der Nederlanden 4,* 33; De Jong, *Het Koninkrijk der Nederlanden, 14,* 213-215; G. Hirschfeld, *Bezetting en collaboratie. Nederland tijdens de oorlogsjaren 1940-1945* (Haarlem 1991) 175; Hein A.M. Klemann, 'De Nederlandse economie tijdens de Tweede Wereldoorlog.' In: *Tijdschrift voor Geschiedenis* 110 (1997) 3-40, esp. 18-19; Houwink ten Cate, 'Generaal Winkelman, secretaris-generaal Hirschfeld en de Duitse bezettingspolitiek'.

istry ordered the *Rijksbureaus* to cooperate when Germany wanted to place orders with Dutch industry.[39] A year later, when the scarcity of raw materials became severe, the Ministry even told firms to make all raw materials available for such orders.[40] During the 1930s, unemployment was the most serious issue. After the late devaluation of the *guilder* in September 1936, the problem became a little less pressing, but a real recovery proved impossible as long as an inconvertible currency, bilateral clearing, and a policy of economic autarky isolated the most important foreign economic partner, Germany.[41] After May 1940 the Dutch became isolated from their overseas markets and their colonies, but at least the German market reopened. With the prospect of the deportation of hundreds of thousands of male workers, Dutch policy makers had no trouble convincing themselves that accepting German orders was the way to proceed.

Dutch acceptance of German orders: company size

Insofar as Dutch industrialists really reflected upon which German orders to accept and which to refuse, they had one problem in addition to those of their colleagues in other countries. Due to the pre-war policy of the *Rijksbureaus,* their stocks of raw materials were well administrated and exactly known. In other occupied countries, the Germans had trouble establishing the size of stocks, but in the Netherlands, any company's argument that it lacked the necessary materials to execute a certain order was easily verifiable. However, it is doubtful if this situation had much influence on decisions to accept orders. The fact that the stocks were registered, together with the inconsequential domestic production of raw materials, merely meant that industrial production for the black market was going to be difficult and limited. More significant was the lack of experience with war situations. As in other countries, some Dutch firms did not want to accept German orders, but hardly any were in fear of post-war prosecution when orders were accepted. In the first days of the occupation a number of industrialists from the metal branch asked the Secretary General of the Ministry of Justice what the implications after the

39 Ara Handel en Nijverheid 8676: Weekrapport 24/29-6-1940.

40. Ara Handel en Nijverheid 9306: Bureau grondstoffenvoorziening 28 april 1941.

41. Hein A.M. Klemann, *Tussen Reich en Empire. De economische betrekkingen van Nederland met zijn belangrijkste handelspartners, Duitsland, Groot-Brittannië en België en de Nederlandse handelspolitiek, 1929-1936* (Amsterdam 1990) 228 e.v.

war might be for those who accepted orders from the enemy, but the Secretary General did not think that it would come to prosecutions. In Belgium, a number of collaborators had been shot after the Great War, and during the Second World War every Belgian employer was aware that after the war he would have to account for his decisions. In the Netherlands, on the contrary, questions were raised only during the first few weeks, and a little German pressure, like the dismissal of General Winkelman and a small German concession – the shipyards were allowed to build warships without cannons – was enough to persuade the waverers. Before the end of 1940 German orders, often of a military nature, worth 14 per cent of GDP were accepted. All shipyards, machine factories and steel companies were fully employed and important investments were planned for 1941. In the chemical industry, mining and building (table 1) the situation was the same, which explains the dramatic drop of unemployment that in 1941 resulted in almost full employment, for the first time since the late 1920s.[42]

The early occupation and the lack of experience with such a situation are important to explain the acceptance of the situation by Dutch industrialists. Perhaps even more important was the fact that Dutch industry was overwhelmingly organized in small or midsized independent companies, which were often family firms. A limited number of financial companies dominated Belgian industry, on the other hand. The largest of these, the *Société Générale,* owned forty per cent of industry in this highly industrialized country. On May 15, 1940, the day of the Dutch capitulation, Belgium's Foreign Minister Paul Henri Spaak invited the leaders of some of these large holding companies to discuss potential problems ahead. Today it is still not clear what was exactly discussed at the meeting,[43] but during the occupation these gentlemen, led by the governor of the *Société Générale*, Alexandre Galopin, formed a committee to direct Belgian industry, and Belgium's economy more generally. Of course, these captains of industry wanted to make sure that their companies would survive the war. After the Battle of Britain, Galopin, who was an opponent of Germany anyway, no longer believed in a German victory. It has been alleged that his prime concern then became the post-war competitiveness of his companies, leaving the struggle with Germany to the allied

42. Klemann, 'Belangrijke gebeurtenissen vonden niet plaats...', passim.
43. See Dirk Luyten, 'De "opdracht" van de regering aan het Galopin-komitee op 15 Mei 1940.' In: *Cahiers-bijdragen van het Navorsings- en Studiecentrum voor de Geschiedenis van de Tweede Wereldoorlog* (16) 1994 163-171.

armies.[44] Others are convinced that Galopin was a good patriot, whose loyalty was with the Belgian government in London, who supported the resistance and tried to help Jews and opponents of the German regime. Shortly after the beginning of the occupation, it became clear, however, that the Belgian industry, just as the Dutch, had no choice but to accept orders. Belgium needed the money to pay for its food imports and it could not again risk the occupation regime sending unemployed labourers to work in the German war industry, as had happened in the First World War.[45] In the Netherlands, the acceptance of such orders resulted in high production and growth in shipbuilding, the machine industry and chemicals. In these sectors, of prime importance for the Germans, investments were very significant. Dutch industry seemed ready to supply Germany with everything it asked for. Only a few months after the German attack Dutch shipyards were reconstructing river-vessels into landing crafts for the invasion of England. A completely new hall was built to revise aircraft engines. Galopin and his committee, on the other hand, decided not to build complete weapon systems, arguing that concentration in sectors supporting the German war effort was unacceptable, as were investments in heavy industry. The Galopin committee insisted that production be continued to save labourers from deportation and to obtain currency to pay for Belgian food imports. They called this a policy of the lesser evil. They probably also had an eye on the competitiveness of their companies, but whatever the reasons, in Belgium the allied interests, and the potential post-war reaction to the behaviour of captains of industry, was constantly on the minds of the men in charge.[46]

In his PhD-thesis on the Belgian wartime industry, Patrick Nefors has underlined that, as a result of the policy of the Galopin Committee, open collaboration was an exception in Belgium, which did not, however, apply to the textile industry. In this sector, the only one in Belgian industry dominated by independent family firms, collaboration was quite common.[47] The Netherlands, lacking the reminder of the Great War experience, was, moreover, a country of

---

44. Nefors, *Industriële collaboratie in België*, passim.
45. Herman van der Wee and Monique Verbreyt, *The Generale Bank 1822-1997. A Continuing Challenge* (Tielt 1997) 242 e.v.
46. Dirk Luyten, 'The Belgian Business Elite', 8 (Paper presented November 26-27 1998, Bibliothèque National de France, Paris)
47. Nefors, *Industriële collaboratie in België*, passim; Werner Warmbrunn, *The German Occupation of Belgium 1940-1944* (New York 1993), 201

independent companies, most of the time family-owned. Even when business often had the juridical form of a limited company, it did not mean that it was no longer a family company. Shares, or at least preference shares with decisive influence, were not freely available; members of the founding family and some of their friends controlled them. Until the 1970s even an important multinational like Philips had such a structure; Heineken still does. The Netherlands did not have large holding companies with managers monitoring juridical and political issues.[48] In the small or midsized family companies, the same question asked in most private households completely dominated the policy of the board after May 1940: will it be possible to continue normal life and if not, how can we make the best of the situation?[49] For small companies it was essential that politicians guide them in the right direction. The Dutch officials who had to deal with German orders were the directors of the *Rijksbureaus.* Usually, these men came from similar family businesses and subsequently, it was the business that had to decide what to do. After General Winkelman's dismissal, only the Ministry of Economics was in a position to provide guidance to industry. Whether it even had the powers to inform business about the limitations of what was acceptable, is not clear. The position of the governor of the Société Générale in Belgium was of a completely different nature than that of the officials of a Dutch ministry whose minister had left for the safety of Britain. After his departure and Winkelman's removal, Secretary General Hirschfeld was in charge and the only official who might have tried to limit the accommodation of industry. But Hirschfeld was a bureaucrat, not a politician. As such, he was very capable and always loyal to his political superiors, but he was not the man to outline a policy himself. His outlook was limited to the political targets of his own department. Because the instructions the government left for officials in the occupied territories were also very limited, the Ministry could only lead the economy without any perception of other targets beyond economic ones. As a result, the decision what to or not to produce was entirely left to the private sector.

48. Keetie Sluyterman and Hélène J.M. Winkelman, 'The Dutch Family Firm Confronted with Chandler's Dynamics of Industrial Capitalism 1890-1940.' In: *Business History* 35 (1993) 4, 152-183

49. J.C.H. Blom, 'Nederland onder Duitse bezetting 10 mei 1940-5 mei 1945.' In: *Algemene Geschiedenis der Nederlanden, 15* (Haarlem 1982) 55-94; J.C.H. Blom, *In de ban van goed en fout? Wetenschappelijke geschiedschrijving over de bezettingstijd in Nederland* (Bergen 1983) 12

In the Netherlands, as in the Belgian textile industry, small and independent companies had to find their own direction in a highly confusing situation. A heroic refusal to produce for Germany proved impossible during the first weeks of the occupation, just as it had everywhere else in occupied Europe. For the Belgian policy of the lesser evil, however, coordination between the companies was necessary. A family company that refused to accept a German order, without an agreement in the sector that all other companies would likewise refuse it, was not a threat to German war production, but instead ran an enormous risk. Refusing such orders as an individual company could mean losing a contract to competitors accepting every order and might potentially result in a conflict with the German authorities, the taking over of the company by a German *Verwalter*, or worse. Lacking coordination, in other words, resulted in a classic prisoner's dilemma, with as its most likely outcome the acceptance of every order and complete cooperation.[50]

Industrial production in 1940 and 1941

Booming industry during the first years of a military occupation calls for an explanation. We have seen how the German authorities wanted to put Dutch industry back on its feet quickly. A rivalry, typical for Nazi-Germany, between Göring and Thomas on one side and Seyss-Inquart on the other, about who was in charge of the Dutch economy, resulted in the creation of organisations to give orders to Dutch industry by both sides. Both hoped to get a grip on Dutch industry, or at least to prevent the other from doing so. The fact that in the spring of 1940 two organisations were trying to place German orders with Dutch industry resulted in a significant order book that provided a strong stimulus for the economy. Nevertheless, in 1940, the difficult period of the German invasion resulted in an overall industrial decrease, but in 1941, German orders dominated the Dutch industrial situation. Industrial production was higher than ever before, but given the situation as described, the growth of only 0.6% between 1939 and 1941 is

---

50. See: Bas Schuttevaer, 'Verarmend Nederland? De ontwikkeling van de Nederlandse beursgenoteerde, industriële onderneming gedurende de Tweede Wereldoorlog. Een theoretische, vergelijkende en statistische studie' (MA-thesis Economics Universiteit van Amsterdam: Amsterdam s.a.) 27.

disappointing. In the last months of 1941, new tendencies in the German exploitation became dominant, which explains the poor results for that year.

Exploitation during the Speer period

The first months of 1942 inaugurated a fundamental change to the German war economy and the exploitation of the occupied territories. Although so far the Axis had won every battle, the potential of its enemies was growing.[51] Britain was continuing the fight and in the winter of 1941-1942, the Red Army, already written off, proved capable of a dangerous counterattack. Two days before the start of the Russian Winter Offensive Japan destroyed the US pacific fleet in Pearl Harbor, bringing America into the war. The combined economic power of the Allies now was much larger than that of the Axis. In Berlin, it was well understood that to win the war, Germany would have to mobilize all its resources in a short span of time.[52] Hermann Göring did not look like the man to achieve this end. The Russian Winter Offensive opened the eyes of the *Führer*. Fritz Todt had actually insisted that only a compromise with its enemies could save Germany. The ensuing quarrel between the German leader and his minister resulted in a mandate for Todt to reorganise war production. Shortly after this tempestuous discussion, Todt's airplane crashed and Albert Speer became his successor.[53] During the reign of Speer, the German war economy not only passed into other hands, but was for the first time organized by a man in a position to eliminate his political opponents. Because of his unprecedented powers, Speer managed to implement economic reorganizations, in part already planned by Todt, as well as elementary standardization and some straightforward efficiency. It proved highly effective.[54]

In the occupied Netherlands Speer's planning went hand in hand with the *Arbeitseinsatz* organized by *Gauleiter* Sauckel. Just as Todt's attempts to organize the war economy more systematically preceded the policy of Speer in Ger-

51. Overy, *Why the Allies Won,* passim; Mark Harrison, 'The Economics of World War II', 10.
52. Harrison, 'The Economics of World War II', 10; Overy, *War and economy,* 353; Overy, *Why the Allies won,* passim.
53. See for the airplane crash: Fest, *Speer,* 131-133; Kershaw, *Hitler 1936-45,* 503 and about Speer: J.K. Galbraith 'A Retrospect on Albert Speer.' In: J.K. Galbraith, *Economics, Peace and Laughter. A Contemporary Guide* (Harmondsworth 1976³), 230-241.
54. Overy, *War and Economy,* 254; Alan S. Milward, *War, Economy and Society, 1939-1945* (Londen 1977) 115-116

many, Berlin's attempts to exploit the occupied countries more effectively preceded it in the Netherlands. From the autumn of 1941, the lack of raw materials became a problem, even in the Netherlands. Perhaps worse was the ever increasing interference from the occupying authorities with the day-to-day running of the economy. German officials were no longer content with placing orders with Dutch industry; they wanted to take direct control. The exponent of this new policy was Paul Pleiger, who became *Reichsbeauftragte für Kohle.* Pleiger had been a small industrialist from the metal sector and became one of the most influential men in the State Steel Concern, *Reichswerke Hermann Göring.* In April 1941 he was put in charge of the *Reichsvereinigung Kohle,* the newly founded state cartel for the mines and coal industry, and responsible for the distribution of coal inside the *Reich.* Immediately, Pleiger also tried to acquire coal in the occupied territories under his jurisdiction. From April 1941 the Netherlands, producing just enough coal for domestic use, were confronted with large and increasing demands on their coal production. These demands would inevitably result in a decrease in the internal availability, which would in turn threaten Dutch industrial production.[55] Pleiger did not see that as a problem. In his opinion, it was preferable to shut down important parts of the industry in the occupied territories and much more efficient to take all labourers, raw materials and machinery to Germany to concentrate production there.

The German institutions in The Hague were firmly opposed to the Pleiger policy, which thwarted their own. They were afraid that all decisions about industry, labour, machinery and raw materials would henceforth be taken in Berlin. The *ZAST,* still coordinating the *Verlagerte Aufträge,* therefore tried to demonstrate that these *Aufträge* were much more efficient than transferring labourers to Germany.[56] Seyss-Inquart was in danger of losing his power over the economy, and by implication, over an important aspect of life in his territories. If that happened, his mission to control Dutch society and win over the Dutch for the German cause was doomed.

Pleiger, however, was not alone in believing that German controlled Europe should be exploited as efficiently as possible for the German economy

55. Nefors, *Industriële collaboratie in België*, 168-169; J. Mensink, *De kolenvoorziening van Nederland tijdens den Tweeden Wereldoorlog* (Amsterdam 1946) 65-66

56. Niod 92, B4: Tätigkeitsberich der ZAST für November und Dezember 1941, den 14. Januar 1942

and that taking labourers and raw materials to Germany was the most efficient way to make that happen. Already in August 1941 the *Rüstungsinspektion*, the economic department of the German army in The Hague, considered closing 60% of Dutch industry. These closings, it was thought, would solve the shortage of raw materials and coal. Superfluous labourers and machinery could be sent to Germany.[57] According to General Thomas, the man still in charge of this department, Seyss-Inquart's policy of *Auftragsverlagerung* could only have limited success, dependent as it was on a scarcity of labourers and raw materials in Germany itself. In his view *Auftragsverlagerung* was a temporary expedient.

With the removal of coal from the Netherlands during the extreme winter of 1941-'42, Pleiger and Thomas' ideas were implemented even before they became official policy. In November 1941 the *Rüstungsinspektion Niederlande* ordered the *Rijksbureaus* to draw up plans for the concentration of production in a limited number of companies. Superfluous companies could be closed down and their workers sent to Germany, enabling a more efficient use of raw materials.[58] The decline of the economic power of the *Reichskommissariat* to the advantage of those of Berlin also became clear when in September 1941, Seyss-Inquart's *Zentral Auftragstelle*, once his instrument to defend the power of his *Reichskommissariat* against the Berlin bureaucrats, was made subordinate to the Ministry of Economic Affairs in Berlin. The result was that in the winter of 1941-42, for the first time during the occupation of the Netherlands, there was a lack of coal, which not only jeopardized supplies for the population but also brought about the closing down of select companies. As early as August 1941 companies in the textile industry only received coal if it was necessary for complying with German orders.[59] Beer brewing came to a complete standstill for several weeks.[60] Electricity companies struggled with reduced capacity. Companies that did not have German orders were told to use a maximum of 75 per cent of the electricity they had used in the same pe-

57. Niod 77-85 HSSPF 100[b]: Vermerk, den 11. August 1941. Stilllegung von Betrieben
58. Niod 92[b], 1[c]: Rüstungsinspektion Niederlande. Buch no. 1567/41g 12.5.1941 Zu a 2; Ara Handel en Nijverheid 9839: Nota: Overzicht betreffende de concentratie van de Ned. industrie per 8 augustus 1942.
59. Ara Handel en Nijverheid 9672: Toestand van het Nederlandsche bedrijfsleven gedurende de maand October 1941.
60. Michael Manigrasso and Freek van Valkenhoef, 'Oranjeboom tijdens de bezetting. Een economische analyse' (Werkstuk UU 1999) 10.

riod the year before. Frozen rivers, moreover, made coal deliveries so difficult, that even companies working for the army were unable to obtain the electricity they needed.[61] These problems became worse in early 1942, with the changing economic policies introduced by Speer.

In March 1942, only a month after he came into office, Speer's influence was felt in the Dutch economy. Orders placed with Dutch industry by the *ZAST* no longer came from overworked German companies, but from the *Ringe*, central institutions in Speer's planning organization. The *Ringe* decided which part of the production Germany required and which part Dutch industry would execute. The *ZAST* was reduced to distributing these orders.[62] Companies had to provide the *ZAST* with information on their capacity and could no longer refuse German orders. At the same time, the Dutch *Rijksbureaus* were told to set aside raw materials and fuel for German orders. To ensure the loyalty of these Dutch institutions, the *Referenten,* or German supervisors, were replaced by *Bevollmächtigten*, who represented German *Reichsstellen.* These new German officials were under direct instructions from Berlin. Moreover, *Bevollmächtigten* were authorized to take charge of the Dutch civilian institutions. As a result, the Dutch *Rijksbureaus* became subordinate to the German *Reichsstellen*, i.e. the institutions in Berlin responsible for the planning of materials within Speer's organization.

While in this way the Germans took control of production and the use of raw materials, they decided to close Dutch companies superfluous to the German war effort or the preservation of Dutch society at some sort of minimum level. German officials prohibited activities deemed unnecessary; luxury production and luxury shops were shut down, although it is true that most somehow found a way to continue their business clandestinely. More importantly, civic building was prohibited in June 1942. Additionally, German committees checked the efficiency of Dutch companies and whether or not they would be able to transfer some of their employees to Germany. In every branch of industry, the number of companies was restricted. The *Rüstungsinspektion* ordered the *Rijksbureaus* to shut down a fixed number of companies. In practice, the targets were rarely met exactly, but in the end the Germans

61. Niod 92, B4: Tätigkeitsbericht der ZAST Juli-August 1941; Bas L. Levinsohn, *De kolencrisis van 1941. Een bestuurskundige case study over de beleidsopvattingen van het ambtelijk middenkader* (Utrecht 1991) 46; *Jaarverslagen Figee 1938-1948.*

62. Niod 92 B4: Tätigkeitsbericht der Zast für Januar und Februar 1942, Den Haag, den 15. März 1942.

generally managed to achieve their end.[63] In late 1942 the *ZAST*, placed after 1941 under the *Reichswirtschaftsministerium* and then from 1943 under Speer's representative in the Netherlands, Richard Fiebig, ordered that any industrial company working less than fifty per cent for Germany, should be closed.[64] Early in 1943, all companies were required to present a production plan, which was to correspond with German industrial planning as well as with the *lebensnotwendigsten* domestic needs of the country.[65] Berlin officials intervened increasingly directly with the Dutch economy, rarely considering the implications of its decisions on other aspects of Dutch society. Dutch officials responded with appeals to the *Reichskommissariat* in The Hague.[66] Here they were met with abundant sympathy, but unfortunately these German officials were powerless.

From 1942 Germany press-ganged Dutch labour for work in Germany and applied force whenever their victims refused to cooperate. *Gauleiter* Fritz Sauckel had ordered for '*alle fehlende Arbeiter rücksichtslos aus den besetzten Gebieten zu rekrutieren*', i.e. to recruit mercilessly all necessary labour from the occupied territories.[67] In accordance with this order the Germans tried to round up several hundred thousand men in the Netherlands during 1942 and 1943. Two hundred and forty thousand left for Germany,[68] but according to the statistics, as many as 550,000 could have been deported; thus, implying approximately 300,000 must have gone into hiding. To accommodate Germany's labour demands and to compensate for the missing numbers, Dutch working hours were increased from 48 hours per week in 1942, to 53 on average in 1943. The result was a dramatic decrease of industrial productivity.[69] The manhunt and the intensified economic exploitation created a completely new political atmosphere in the country, which intensified with the outcome

---

63. Ara Handel en Nijverheid 9839: Notitie: Concentratie van bedrijven 28 augustus 1942.
64. Niod 93 inv. nr. B4: Tätigkeitsbericht der ZAST für September und Oktober 1942. Den Haag, den 15. November 1942.
65. Niod 93, B4: Tätigkeitsbericht der ZAST für Januar und Februar 1943. Den Haag den 15. März 1943.
66. Niod Doc I, 1080: Mijn beleid tijdens de Duitsche bezetting van Nederland, Ir. S.L. Louwes.
67. Speer, *Erinnerungen*, 233.
68. CBS, *Economische en sociale kroniek der oorlogsjaren, 1940-1945* (Utrecht 1947) 301.
69. H.J. de Jong, *De Nederlandse industrie 1913-1965. Een vergelijkende analyse op basis van de productiestatistieken* (Amsterdam 1999) 278ff.; Klemann, 'Belangrijke gebeurtenissen vonden niet plaats', passim; see also my book *Nederland 1938-1948*, chapter 12.

of the battles of Stalingrad and El-Alamein that revived hopes of an Allied victory.

In 1942 for the first time many Dutch families really felt the pinch of war in their daily lives. Everyone with a father, son or brother between the ages of 18 and 40 was directly touched by their persecution. Poverty also became a serious issue. The occupation and its consequences were no longer a problem for the unfortunate few; instead it had become a reality that almost everybody had to face. Next to Speer's new exploitation that resulted in a more systematic concentration of production capacity for German needs, and the deportation of labour and raw materials to Germany, the Germans also required double the amount of industrial goods in comparison to the early stages of the occupation. In 1941 they had taken 1,139 million *guilders* worth of goods and services from the Netherlands, in 1942 this had increased to 2,206 million (table 2; financial assets excluded; in prices of 1938). Exploitation doubled, while Dutch GDP, as a result of Speer's and Sauckel's policy, decreased for the first time during the occupation. In 1943 GDP dropped again, with Germany again taking 16 per cent more than the previous year. In 1942, poverty became a serious problem.

Thanks to its well-organized agricultural sector and its efficient distribution system, the Dutch still had enough food in 1942 and 1943, although rations became ever more sober. The Germans hardly took any food, as they were primarily interested in industrial products. In 1942, because of the intensified exploitation, the available National Income decreased by one third. Soap, coal, clothes, shoes, various tobacco products, bicycle tyres and hundreds of other industrial products were no longer available; busses and trams disappeared from the streets, while trains ran less frequently, and the building of new homes for the fast-growing population was prohibited. The lack of soap in particular created a health hazard, and in 1942 infectious diseases, like typhus, paratyphoid fever, scabies and lice became epidemic.[70] The exploitation of the Speer period thus resulted in extreme poverty. Together with the *Arbeitseinsatz* this poverty explains why the atmosphere in the Netherlands became increasingly anti-German.

From September 1944 until May 1945 the country was split by the front.

70. CBS, *Jaarcijfers voor Nederland 1943-1946,* 19 e.v.; CBS, *Maandschrift,* Mei-december 1944, 276; G. J. Kruijer: Hongertochten. Amsterdam tijdens de Hongerwinter, Meppel 1951, p. 34.

The military situation made the situation catastrophic. The isolated towns of Holland and Utrecht had to cope with what is known in the Netherlands as the Hunger Winter. As a result, economic figures for these years are extremely difficult to interpret and have little bearing on the subject of this paper.

The post-war situation

For a long time it was commonly understood that very little was left of Dutch industry by the end of the war. Machines that the Germans had not destroyed during the last months of the occupation had been taken away.[71] The fact is that only a small part of Dutch industrial capacity was destroyed and that the Germans were unable to take much away as they lacked the necessary transport facilities. The destruction of capital goods that did take place was concentrated in the ports of Rotterdam and Amsterdam. After Antwerp had fallen unscathed into Allied hands, Hitler ordered the destruction of the Dutch ports to forestall a repetition. Industrial destruction or, as happened more often, the removal of industrial capacity was disastrous for the individual companies concerned, but had very little influence on the industrial capacity of the country as a whole. During the final months of the war, when much of this destruction happened, the northern part of the Netherlands was isolated from the outside world. As a result it was extremely difficult to take much abroad. This isolation, the lack of reliable information, poverty and hunger, and fears that the worst was still to come, provoked rumours. In this atmosphere it is understandable that the destruction or removal of a limited number of machines or inventories from industrial companies could develop in the public mind into a picture of general plunder and destruction. Post-war Dutch propaganda, with an eye on Allied aid, did nothing to alter this impression. The fact that industrial investments during the first years of the occupation were much more significant than the German destruction of the country during the last months, only became evident when the exact number of companies in every branch was compared with the numbers of machines that disappeared or were destroyed.[72] Such a comparison clearly demonstrates

71. Richard T. Griffiths, 'The Exploitation of the Dutch Economy 1940-1945.' In: J.P.B. Jonker e.a., *Vijftig jaar na de inval. Geschiedschrijving en Tweede Wereldoorlog* (Den Haag 1990) 115-124, 115.
72. Klemann, "Belangrijke gebeurtenissen vonden niet plaats..."

Table 3 *Machine capacity in industry in 1000 horsepower 1938-1946.*

Sector	1938	1939	1940	1941	1942	1943	1946	Increase 1939-'46 in %
Earthenware, glass, stones etc.	74	76	76	80	81	81	81	10
Soap	6	6	7	7	7	7	8	29
Clothing	5	6	6	6	6	6	6	10
Leather, shoes	23	23	25	27	25	22	28	20
Metals	266	284	294	320	332	342	380	43
Paper	163	172	175	175	179	182	187	15
Textile industry	220	225	234	250	259	256	272	24
Food	66	68	70	71	74	78	84	27

Sources: CBS, *Jaarcijfers voor Nederland 1943-1946* (Utrecht 1948) 166 et seq.; J.L. van Zanden en R.T. Griffiths, *Economische geschiedenis van Nederland in de 20e eeuw* (Utrecht 1989).

that Dutch machine capacity in industry actually increased during the war (table 3). A not insignificant growth already apparent in the official statistics between 1938 and 1943 makes this clear. It is also a generally accepted fact that these statistics from at least 1941 on are incomplete and therefore too pessimistic. Companies simply refused to supply the data necessary to create reliable statistics. One can reasonably assume that after 1943 there were hardly any investments and in 1945 and 1946 these investments were also very limited. Therefore it is very likely that the capacity growth between 1938 and 1946 was realised almost completely between 1939 and 1943, i.e. during the first half of the war.

After the war Dutch industry was somewhat outdated, and wear and tear were a problem in some branches, but the equipment was still there and after coal and raw materials were imported it was possible to start production again.

Conclusions

After the war a picture emerged of the terrible fate that befell the Netherlands during the German occupation. Plunder and destruction, capped by months of isolation, had reduced the Netherlands to poverty and hunger. Our investigation suggests that this picture is in need of substantial revision at least as far as Dutch industry is concerned. A terrible situation did develop in the still occupied western parts of the country during the last few months of the war, but even in that part of the country industry (and agriculture) was not completely destroyed. For the country as a whole the picture of general destruction is erroneous. On the contrary, industrial capacity was larger at the end of the war than it had been in 1940. The fact that already in 1947 Dutch industrial production outstripped the 1939 figures was the direct result of investments made during the early years of the war. In 1940 and 1941 Dutch industry had its first good years since the beginning of the Depression. In these years and through much of 1942 industrial investments were very significant. Two developments caused industrial growth in these years; first, immediately after they had occupied the Netherlands, the Germans placed huge orders with the Dutch. Second, the Dutch – companies as well as officials – were ready to accept these orders. The fact that Dutch industry received so many orders from Germany had everything to do with the rivalry between the new *Reichskommissar,* Arthur Seyss-Inquart, and Berlin rivals who were afraid that Seyss-Inquart would keep them out of the country. Thomas and Göring founded their *Rüstungsinspektion* in The Hague before Seyss-Inquart could arrive, and the latter had to react to protect his position, but also because he had been instructed to win over the Dutch for a German future. Exploitation of the country with no other than economic objectives was therefore unacceptable to Seyss-Inquart. His first objective was to resolve the social plague of unemployment.

With this objective he was on the same track as the Dutch authorities. In June Dutch public servants, whose ministers had gone into exile, were confronted with rates of unemployment, unprecedented even by the standards of the Depression Years. The fear that the unemployed would be sent to Germany made the resolution of this issue a top priority, only targeting on increasing employment. At the same time industry leaders had to decide whether they would produce for Germany and under what conditions. The fact that stocks of raw materials on hand were huge, and the common opinion among pre-war Dutch authorities that the war was lost and the Dutch would have to accept German dominance, further undermined any idea of resistance against German claims. In the end, however, it was probably the lack of coordination between companies that contributed the most to the acceptance of every order Germany wanted to place, to the growth of production capacity in branches most helpful to the German war effort and more generally to an unpleasant degree of cooperation with the German authorities. The fact that Dutch industry was fragmented into numerous small, independent companies made it almost impossible to form a common front against German demands. The prisoner's dilemma, in which Dutch firms found themselves, prevented any serious discussion of the limitations of cooperation. The remarkable result was that in 1940 and 1941 Dutch industry was actually growing.

From 1942 on the changing situation in Germany resulted in a more systematic exploitation of the Dutch economy. From March 1942, Dutch industry had to come to terms with Speer and his economic planning. Decisions about the Dutch economy were transferred from The Hague to Berlin. The new policy resulted in a doubling of the non-financial tributes taken by the Germans from the Netherlands, as well as a decrease in industrial production below pre-war level. The Dutch were forced into poverty, as had happened earlier in all other occupied countries. The main difference between the Dutch and their neighbours was that the former had had an eighteen months respite. During 1940 and 1941 so many Dutch families were better off than they had been for years, and better off compared to people in most other occupied countries, that this prosperity helps explain why Dutch society remained very calm, almost normal, until 1942, and resistance against the German occupation was minimal until halfway through the war.

The Belgian Economic Elite between Economy and Politics

Dirk Luyten

An assessment of the policy of the Belgian economic elite in the Second World War should take into account the economic, the political and the ideological dimensions. Moreover, the Second World War should be considered using a broader perspective, starting with the First World War. In contrast to the neighbouring countries, Belgium was almost completely occupied in the First World War. Although the occupation regime in the Second World War differed, among other things because now Nazi ideology inspired the occupier, the influence of the memory of the occupation in the First World War is not to be underestimated since the decision-making generation in the Second World War had experienced the First World War and its aftermath.

In the summer of 1940, the Belgian economic elite developed a doctrine regarding economic policy under enemy occupation: the 'Galopin Doctrine'. This doctrine was a line of conduct as well as a basis for legitimation. It also created a political role for the economic elite. This article focuses primarily on the political dimension of the doctrine.

The Belgian economic elite

In 1940 Belgium was a highly industrialized country. The key sectors were coalmining, steel, engineering, textiles, glass and chemicals. Holding companies dominated industry, which was concentrated in Wallonia (the southern part of the country). The *Société Générale* was the most prominent of these holding companies controlling 40% of Belgium's industry at the time. Because banks financed industrial growth, banks and industry were interwoven from the first industrial revolution. In 1934 new legislation put an end to the system of 'mixed banks' and the holding companies maintained their control over industry, because a complex system of cross participation was not abandoned. Furthermore, in the economic development of the Belgian state financial groups played a central role, allowing for a kind of symbiosis between the state and the financial sector.[1]

The close links between the state and the economic elite became clear in the First World War, a conflict that had far-reaching consequences for the relationship between state and society. The Belgian government withdrew to Le Havre and continued the struggle. The Belgian population in the occupied territories was confronted with food shortages from September 1914. The economic elite's establishment of the *Nationaal Hulp en Voedingscomité/Comité national de secours et d'alimentation* (National Committee for Aid and Food) solved the problem. The president was E. Solvay, an enlightened, major industrialist. He was accompanied by other industrialists and bankers, among them the governor of the *Société Générale*. The Committee obtained imported food from overseas and organized the distribution of food by means of a network of local committees. Although the economic elite established the Committee it was soon enlarged with representatives from other political and social groups, including the labour movement. It is difficult to overestimate the significance of this Committee. The economic elite had taken over an essential task of the state, namely food supply, and as a consequence, it came to play an important political role.[2] From this position representatives of the labour movement were invited to participate, which was a decisive step in the direction of the integration of organized labour in the political system. At the same time, the economic elite could decide the extent of labour's participation.

The integration of the labour movement in the political system was continued after the war with the introduction of universal male suffrage, the freedom to strike and a system of collective bargaining in the key sectors of the economy that implied trade union recognition. The labour movement increasingly participated in social policy making; wages and social benefits were the subject of consultation between trade unions and employers. This process of democratization came to a conclusion in the context of a painful econom-

---

1. For the industrial revolution: P. Lebrun, M. Bruwier, J. Dhondt, G. Hansotte (1979). *Essai sur la révolution industrielle en Belgique,* Bruxelles, Académie Royale de Belgique, 1979. G. Kurgan wrote a collective biography of the leaders of the *Société Générale*: G. Kurgan-Van Hentenryk (1996). *Gouverner la Générale de Belgique. Essai de biographie collective,* Bruxelles, De Boeck.
2. Peter Scholliers (1994). 'The Policy of Survival: Food, the State and Social Relations in Belgium, 1914-1921', in J. Burnett, D.J. Oddy (red.). *The Origins and Development of Food Policies in Europe,* London, pp. 39-53.

ic reconstruction. As a general rule, Belgian industry had not produced much for the Germans in the First World War. However, the reasons are not clear: Was industrialists' unwillingness to work for Germany inspired by patriotic motives or were the conditions (e.g. raw materials) just lacking? An exception to the rule was the coalmines; production continued with the consent of the Belgian government because coal was needed to heat homes.[3] From the autumn of 1916, the Germans began a policy of plunder; machines were dismantled and workers were forced to go to Germany, a rather traumatic experience for this group and their families with a casualty rate of 2614.[4] As a result, Belgian industry was seriously damaged and was left with a competitive handicap after the war. The hope that German reparation payments would compensate for the damage proved to be futile.[5]

The economic policy during the First World War explains the pattern of punishment of economic collaboration after the war: few businessmen were punished, but penalties were severe and the judges' interpretation of the penal law was rather strict.[6]

The Galopin Doctrine

The Belgian economic elite entered the Second World War with this memory of the First World War and its aftermath. Industrialists and the government expected a repetition of the scenario of the First World War. The Government left Brussels for the coast and on May 15th, it asked the leaders of banks and holdings to pay the salaries of the civil servants and the social benefits. Apparently, there was hope that, like in the First World War, a small part of the country would remain unoccupied, which was a miscalculation. After the ca-

3. C. De Kerchove de Denterghem (1927). *L'industrie belge pendant l'occupation allemande 1914-1918,* Paris-New Haven.
4. L. Vandeweyer (1993). 'De verplichte tewerkstelling tijdens de Eerst Wereldoorlog', F. Selleslagh (red.). *De verplichte tewerkstelling in Duitsland. Le travail obligatoire en Allemagne 1942-1945,* Brussel/Bruxelles, pp. 39-47. S. De Schaepdrijver (1999). *De Groote Oorlog. Het koninkrijk België tijdens de Eerste Wereldoorlog,* Amsterdam/Antwerpen, pp. 224-234.
5. R. Depoortere (1997). *La question des réparations allemandes dans la politique étrangère de la Belgique après la première guerre mondiale, 1919-1925,* Bruxelles, Académie royale de Belgique. G. De Leener (1926). 'L'industrie', E. Mahaim (red.). *La Belgique restaurée. Etude sociologique,* Bruxelles, pp. 187-250.
6. D. Luyten (1996). *Burgers boven elke verdenking? Vervolging van economische collaboratie in België na de Tweede Wereldoorlog,* Brussel, VUBPRESS, pp. 21-25.

pitulation on May 28, attempts were made to import food from overseas, but the British were not prepared to relax the economic blockade of the continent.[7]

In this context, the Galopin Committee came up with a doctrine regarding economic policy under enemy occupation. The Galopin Committee, named after Alexandre Galopin, the governor of the *Société Générale*, was established during the meeting between bankers and ministers on May 15. After this date, the committee met on a regular basis, initially even daily, and was widened to include top industrialists. The committee discussed social and economic problems and became a shadow government for social and economic policy. Thus, the committee came to play a central political role.

An important aspect of this involvement in politics was the Galopin Doctrine, a line of conduct and at the same time a justification for the economic policy under enemy occupation. The doctrine was recorded for the first time on July 15, 1940 and was reformulated, fine tuned and made more explicit in 1941 and 1942; however, the foundations of the doctrine remained unchanged.[8]

The Galopin Doctrine stated that production had to be resumed although this resumption would benefit the Germans and contradicted the penal law as it was interpreted after the First World War. Production for export was necessary because, in contrast to the First World War, it proved to be impossible to import food from overseas. The second reason to resume production was to avoid deportation of workers to Germany. The Germans would not tolerate massive unemployment like in the First World War, and work was a central tenet in Nazi ideology. The third argument, implicit in 1940, but made explicit when the doctrine was fine-tuned in 1941 and 1942, was the preservation of the economic infrastructure. A systematic dismantlement of the machines, as in the First World War, had to be avoided at any cost. Moreover, it was feared that if Belgian entrepreneurs refused to work, the Germans would take control of the factories and run them without considerations for the eco-

---

7. H. Van der Wee, M. Verbreyt (1997). *De Generale Bank. 1822-1997. Een permanente uitdaging*, Tielt, Lannoo, pp. 246-249.
8. Several authors discussed this doctrine. A good overview is: E. Verhoeyen (1986). 'Les grands industriels belges entre collaboration et résistance : le moindre mal', *Bijdragen van het Navorsings- en Studiecentrum voor de Geschiedenis van de Tweede Wereldoorlog*, 10, pp. 58-114. The most recent study is: P. Nefors (2000). *Industriële "collaboratie" in België. De Galopindoctrine, de Emissiebank en de Belgische industrie*, Leuven, Van Halewyck.

nomic interests of the firm, which would result in a serious competitive disadvantage after the war. The Galopin Doctrine, however, put certain restrictions on the production for Germany, on a qualitative, a quantitative and an organisational level. Since the need to import food justified production, the volume of production was linked to the amount of food and raw materials that had to be imported. Weapons and ammunitions, in the strict sense, should never be produced, and profit should not encourage production. Therefore, the doctrine advised deciding on the acceptance of German orders collectively, in the Federations – the employer's organizations at sector level – and not individually. It was expected that entrepreneurs would be less inclined to accept the orders when competition was not an argument. Moreover, mutual decision-making would strengthen the position of the entrepreneurs in case of trials after the war.[9]

It is clear that an important point of reference in the Galopin Doctrine was the First World War and its aftermath. Part of the doctrine was a quest to look for arguments to ignore the penal law or to avoid punishment after the war. The deportation and the provision argument referred to the experience of the First World War as well. The competitive handicap after the First World War also motivated the emphasis on the preservation of the economic infrastructure.

A second parallel between the First and the Second World Wars can be seen in the political field. The Galopin Committee played a political role like the National Committee for Aid and Food, albeit the range of influence of the Galopin Committee was larger. The Galopin Committee discussed economic policy, the interpretation of the penal law and social matters. The *Comité Central Industriel* (CCI), the central employer's organization and spokesmen of heavy industry, which was in close contact with the Galopin Committee, proposed cutting wages, a stay of execution of the social legislation, and favoured a reform of the system of collective bargaining. Although, for several reasons, these proposals were not put into practice and some employers and other employers' organizations opposed them, they illustrate how the economic elite saw their political role. They found themselves entitled to make decisions in a field where, since the end of the First World War, joint decision

9. Devons nous reprendre la production industrielle? Dans quelle mesure? (15 Juillet 1940). Studie- en Documentatiecentrum Oorlog en Hedendaagse Maatschappij (SOMA)/Centre d'Etudes et de Documentation Guerre et Sociétés contemporaines, *Papiers L'An 40,* nr. 25.

making between trade unions and employers had become more prevalent. This joint decision-making was the case for wages (collective bargaining in the *commissions paritaires*; joint committees where employers and trade unionists were equally represented) and the social security system.[10]

The paradox is that, in contrast to the First World War and notwithstanding the process of democratization in the aftermath of the First World War, the labour movement was now excluded from this (hidden) decision making, which can be explained by the Nazi German occupation and the suppression of the labour movement. Trade unions had to stop their activities after the capitulation of the Belgian army. The *Unie van Hand- en Geestesarbeiders/ Union des Travailleurs Manuels et Intellectuels (UTMI)* (Union of Manual and Intellectual Workers), a single trade union with the participation of some pre-war trade union leaders replaced them, but Germans dominated it. In the case of certain employers, a need for revenge for the general strike of 1936 and an attempt to recapture the power lost to the labour movement after the First World War also inspired the exclusion of the labour movement.[11] As a result, the economic elite were now able to decide, in a much more autonomous way, the distribution of the national income, which is clearly demonstrated by the Galopin Doctrine. One of its basic quantitative parameters was the food ration that the Belgian population could claim, which was based on the rations of the First World War. The doctrine also had an indirect social foundation; the justification of the production was the physical survival of the workers, who had to stay in Belgium and who had to be fed.

A political role for the business elite

The food supply caused the economic elite to further develop their political activities, albeit more under the force of circumstances than of their own free will. The state organized food supply proved to be ineffective. Rations were low and often people did not receive the food to which they were entitled. This administrative deficiency fuelled social protests in the autumn of 1940,

10. G. Vanthemsche (1989). *De werkloosheid in België 1929-1940*, Berchem, EPO.
11. D. Luyten, R. Hemmerijckx (2000). 'Belgian labour in World War II: strategies of survival, organisations and labour relations', *European Review of History-Revue européenne d'Histoire,* VII, pp. 207-227.

when several strikes broke out.[12] Since the food supply was a central element in the legitimation of the Galopin Doctrine, the deficiencies in the official rationing system caused a political problem for the economic elite. Initially, a solution was found in the distribution of extra food in the factories, but for financial, as well as political reasons, it was better to find a solution for the whole population.

Toward that end, several steps, with an outspoken political character, were taken. In January 1941, the main employer's organizations met Eggert Reeder, the deputy chief of the military administration, to demand the better supplying of food. The ministries of Agriculture and Economic Affairs had had no result with similar interventions. The employers justified this step arguing they felt obliged *'de ne rien négliger pour faire valoir la cause de leurs employés'*[13]. Moreover, the delegation stressed that the need to import food motivated the decision to restart economic activity. Workers were confronted with the prospect of hunger and there was a discrepancy between industrial production and the amount of food imported.[14]

The organization that enabled the economic elite to play a political role in the field of food supply was the *Comité Central Industriel*, the central employer's organization. The organization met with the committee of secretaries-general, the top civil servants of each ministry and the supreme political authority during the occupation, in order to denounce the shortcomings of the rationing system. But the CCI did not limit itself to complaining; the organization took over state businesses. Early in 1941, the Ministry of Agriculture obtained extra cheese for the workers and made an appeal to the CCI to organize its distribution among the workers. In order to coordinate the still more extensive assignments in the field of food supply and to secure more efficient negotiations with the authorities, a rationing commission was created within the CCI. All initiatives were now a part of the link between food supply and industrial production stated in the Galopin Doctrine.[15]

12. J. Gérard-Libois, J. Gotovitch. *L'an 40. La Belgique occupée,* Bruxelles, CRISP, pp. 380-386.
13. "to do anything that would benefit their employees"
14. Adresse lue par la délégation que le général Reeder a recue le 9 janvier 1941. SOMA, *Papiers Lippens,* nr. 8.
15. CCI. Circulaire 760. Action en faveur du ravitaillement. 29 avril 1941 SOMA, *Papiers Lippens* nr. 8.

Was this shift an ideological justification for dealing with the enemy? Partly it was, but there was also an element of real need. The food supply was a real problem. In the industrial areas of Wallonia hunger had returned causing social discontent and short strikes, culminating in May 1941 in a 10 days strike that mobilized 60.000 workers (the so-called strike of the 100.000).[16] In other words, food shortages threatened social peace and the normal operation of the factories. But there was another reason to take the food shortages seriously; since the Galopin Committee justified its policy in the name of the workers, shortages became a political problem, all the more because hunger led to wage claims. In February 1941, Galopin tried to address the problem of food shortages when he asked the Brussels sociologist and historian G. Jacquemyns to map the living conditions of the workers in the industrial areas of Wallonia in order to '*mieux connaître la détresse dénoncée par le rumeur publique et d'y porter remède le plus rapidement possible*'.[17] Jacquemyns' task was part of a broader operation to reconsider the Galopin Doctrine, which resulted in a second doctrinal memorandum of June 1941.

Another reason for this reconsideration was economic regulation. The Germans put an end to economic liberalism and organized the economy along corporatist lines, following the Nazi model. In the summer of 1940 '*Warenstelle*' commodity offices were established. Like their German counterparts, the *Reichsstellen*, the offices addressed the rational use of raw materials, including coal, steel, and textiles, among others. The business elite participated in these organizations. In the key sectors of the economy, the offices were an extension of the private *Federations*, which gained authority because membership was compulsory. This compulsoriness was not the only motivation for industrialists to participate in the administration of the offices. The decision was a consequence of the Galopin Doctrine. A common policy required control over the instruments of economic regulation. The commodity offices distributed raw materials and decided on their allocation. Theoretically, the commodity offices directed production. The reality was different since it became clear that the Germans controlled the offices. Notwithstanding attempts to obtain exchange of food for industrial products, the occupier never accepted such an arrange-

16. J. Gotovitch (1992). 'La "grève des 100.000"' in Francis Balace (red.). *Jours de Guerre/Jours de lutte*, Bruxelles, Crédit communal, pp. 91-100.

17. "inform himself of the distress of which the public speaks and to help as quickly as possible." G. Jaquemyns (1950). *La société belge sous l'occupation allemande 1940-1944. Alimentation et état de santé*, Bruxelles, 1950, s.p.

ment. Early 1941, a further development of the corporatist organization of the economy was on the agenda. The economy would be organized following the model of the German *Reichsgruppen.* In each economic sector a 'group' was created: a single trade organization with compulsory membership. This organization was incompatible with the freedom of association, which the Belgian constitution guaranteed.[18] In terms of food shortage and social conflicts, participation in the system of the groups was delicate, although participation was in line with the Galopin Doctrine, which is why the Galopin Committee felt inclined to consult judicial and economic authorities.

A new doctrine?

The purpose of the consultation was to furnish a better justification for the economic policy. Already in February 1941 Galopin had decided to participate in the groups for economic reasons.[19] On April 1, 1941, Galopin gathered economic and judicial authorities. Among them was A. Huyssens, the financial expert of the socialist labour movement. His inclusion shows that an opening was made to the labour movement, albeit in a limited way.[20] After the strikes in May 1941 there was a *rapprochment* between the employers and the pre-war unions in Liège where the strikes had started.[21] One of the reasons for the *rapprochment* was the fear of the communist movement, which had had an active part in the conflict.

As could be expected, the result of the meeting of April 1 was a fine-tuning of the Galopin Doctrine. The judicial defence was worked out – the concept of 'necessity' – and in the argumentation the preservation of the productive apparatus prevailed. This concept was labelled in the new memorandum of June 1941 as 'the economic structure of the country' and shows again the political ambitions of the economic elite.[22] The economic structure was more

18. D. Luyten (1997). *Ideologie en praktijk van het corporatisme tijdens de Tweede Wereldoorlog in België,* Brussel, VUBPRESS, pp. 111-161.
19. Notre attitude à l'égard du problème de l'organisation économique de la Belgique 21.III.1941. *Archives Société Générale Brussels.*
20. F. Collin, *La politique de l'emploi sous l'occupation,* s.d., s. 8. SOMA, *JP 354.*
21. R. Hemmerijckx (2003). *Van Verzet tot Koude Oorlog, 1940-1949: machtsstrijd om het ABVV,* Brussel/Gent, VUBPRESS/AMSAB, pp. 61-62.
22. Note relative au comportement de l'industrie belge pendant l'occupation du pays Juin 1941. *Archives Société Générale.*

than the machines and the productive apparatus; it referred to the economic integrity of the Belgian state and its political and economic independence after the war. The economic structure was primarily defined in terms of prices and money. Belgium exported semi-finished goods and competition was based on low prices. Low prices and monetary stability were the cornerstones of the competitive strategy. To preserve the economic structure, prices could not increase and the purchase power of the currency had to be maintained. To reach these aims production was a necessity. The alternative, paying the costs of the occupation by printing bank notes, threatened the value of the currency and would cause economic problems after the war. The emphasis on the necessity to maintain the Belgian-German customs border fits in the same context.[23] To preserve the economic structure the economic elite had to control the groups and had to keep members of the collaborationist parties away from them. Their motivation was political and ideological and it would be difficult to persuade them with economic arguments.

Once again, the Galopin Committee gave itself a political task: to be the guardian of the economic future of the country and its political unity. This unity was threatened at both political and social levels. Politically, Belgium was divided following linguistic lines (Flemish-Walloons) and the Germans exploited this division. The heavily industrialized character of the country was a potential source of social tensions. What the Galopin Committee feared most was an antagonism between the elite and the masses. Here it found an extra reason to continue the economic policy defined in the doctrine. If industrialists decided to halt production, the result would be misery and unemployment and the German propaganda would blame the employers, causing exactly this antagonism. An active participation in the organizations for economic control would thwart the forces willing to divide Belgium; the argument ran. The political inspiration of the committee also became clear as it considered the outcome of the war, in contrast to the memorandum of July 1940.[24] Three hypotheses were put forward: an allied victory, a German victory, or a peace by compromise. The last hypothesis seemed a plausible one, also in high political circles.[25]

23. Galopin, Denkschrift Bez. Abschaffung der Zollgrenze Zwischen Belgien und dem Deutschen Reich. Annex *Tätigkeitsbericht der Militärverwaltung an den Oberbefehlshaber des Heeres nr. 15 März 1941.* SOMA.
24. This was already pointed out by E. Verhoeyen (1986). 'Les grands industriels...
25. J. Velaers, H. Van Goethem (1994). *Leopold III. De Koning, het Land, de Oorlog,* Tielt, Lannoo.

The Galopin Committee claimed to be expressing common interests and spoke in the name of the population and the workers. The workers were not allowed to speak for themselves. Their influence was indirect; the deficiencies in the system of food supply also inspired the reconsideration of the doctrine. The memorandum made reference to the growing resistance, but because it was not widespread, it was not a reason to change the economic policy. In other words, there was consensus on the economic policy. Nevertheless, the fact that in this memorandum the possibility of a general attitude of resistance was seen as a theoretical alternative indicates that the assessment of the situation had changed since the summer of 1940. In this respect, the deportation-argument was reformulated too. In 1940 the argument ran that deportations must be avoided. In 1941 the accent was on the voluntary workers. Their great numbers indicated that among the workers there was no will to resist. Moreover, the workers who left for Germany were a loss of economic patrimony, since *skilled* workers preferred to work in Germany, where wages were higher. These workers escaped the control of their 'natural leaders', the Belgian employers.

The political role the economic elite saw for themselves is not that surprising, considering the distribution of economic power in Belgium. The holding companies controlled heavy industries employing thousands of workers. Hence they could argue that they spoke in name for (a large part of) the population and represented a national interest.

Nevertheless, the scope of the committee was to a certain extent narrowed since certain groups were not allowed to express their views, which was true for the workers and for agriculture as well. In the argumentation the accent was on finance (money) and heavy industry, the groups for which the Galopin Committee was the mouthpiece. The analysis of the economic structure stressing the financial aspects was especially true for heavy industry. The other sectors were not taken or were much less taken into account, which explains, to a certain extent, why the persecution of the Jews was not an element in the argumentation of the committee. Except for diamonds[26], the holding companies held no interests in the sectors in which Jews were heavily represented. Little or no attention was paid to these branches.

26. E. Laureys (2000). 'De beroving van de joodse diamantairs in Antwerpen, 1940-1944. Belangen van de Duitse oorlogsindustrie versus ontjoodsingspolitiek ?', *Bijdragen tot de Eigentijdse Geschiedenis/Cahiers d'Histoire du Temps Présent*, 7, pp. 149-188; E. Laureys (2005), Meesters van het diamant. De Belgische diamantsector tijdens het nazibewind. Tielt, Lannoo.

Other blind spots and biases should be mentioned. A main point of the doctrine was that profit should not lead to an increase in production; the aim was to come through the war while keeping the production apparatus intact. The Galopin Doctrine was a doctrine of the macro-economic status quo. The first question is: was, indeed, no profit made? In the cement industry, a sector where the holding companies were present, large profits were made.[27] The iron and steel sector only lost money in 1944.[28] Moreover, the policy advocated in the Galopin Doctrine was only practicable if the company had sufficient financial backing, which was more likely for large companies that were part of a holding structure, than for small autonomous enterprises. Key economic sectors could more easily extort financial compensations from the government, as a consequence of their political and societal weight. This situation was the case for the coalmines where a system of compensation for unprofitable mines was established, which the state financed.[29]

A rhetoric distortion can be found in the line of reasoning of the Galopin Committee. As a consequence of the political character of the argumentation, referring to the interests of the workers justified the economic policy; production was resumed for their sake and for the sake of the population in general. The motives of the economic elite, primarily the preservation of the economic infrastructure and the competitive position in the aftermath of the war, were minimized. An example is the representation of the argument of competition. The fact that in France and the Netherlands production had restarted was an objection against a policy of abstention in Belgium because the workers would not accept unemployment while their colleagues in France and the Netherlands had the opportunity to work. One can imagine how competition with France and the Netherlands was for the industrialists themselves a reason to keep up production.

Nevertheless, the policy the Galopin Committee advocated was not diametrically opposed to the expectations of the workers. Several indications and explanations can be found. First, the traditional political and societal structures that framed the life of the workers had disappeared including the labour movement, structures of collective bargaining and even the local authorities,

27. D. Luyten (1996). *Burgers boven elke verdenking?* p. 219.
28. P. Nefors (2000). *Industriële "collaboratie" in België,* p. 203.
29. D. Luyten (1997). *Ideologie en praktijk,* pp. 174-177.

since many mayors had fled before the enemy. Workers felt left to fend for themselves. An illustration can be found in Ghent, a stronghold of the socialist labour movement, where the unemployed besieged the union's premises in an attempt to enforce the payment of their benefits.[30] In the context of the capitulation and disorganization, when food and work were the primary concern, the only institution that gave a sense of security was the factory or the workplace: '*Les travailleurs pensent à leur gagne-pain indispensable. Ils rédoutent les conséquences de la suspension du travail: misère, déportation en Allemagne. D'autre part, dans l'écroulement général, aux yeux de beaucoup de travailleurs, un organisme subsiste: l'usine, la mine, l'atelier, le bureau.*'[31] This conclusion is one from Jacquemyns' survey. The tendency to go to work again was widespread and the Communist Party even encouraged it.[32] Another indication is the number of people who were prepared to work in Germany; in 1940, the number was 90.425.[33] The policy to give as much work as possible in Belgium seems to have met the aspirations of the workers. In the aforementioned meeting between trade unionists and employers in Liège the threat of deportations of workers to Germany was discussed. The employers agreed to organize clearing and cleaning activities for the workers, who would subsequently be paid less, to put an end to temporary unemployment if necessary. It is important to note that the trade unionists agreed and that the employers where not opposed when posing the problem in that way.[34] The survey of Jacquemyns and surveys organized at the initiative of the employers showed that workers expected their employers to keep them from being sent to Germany.

30. R.Hemmerijckx (1993). 'A la guerre comme à la guerre. Gentse socialisten tussen collaboratie en verzet', *Revue belge d'histoire contemporaine,* XXIV, pp. 529-567; 535.
31. "The workers are thinking of their necessary livelihood : they fear the consequences of the suspension of their work: poverty, deportation to Germany. To this must be added the fact that in the general disorganization, in the eyes of many workers one organism subsists: the factory, the mine, the workshop, the office." G. Jacquemyns (1945). *La société belge sous l'occupation allemande 1940-1944. Privations et espoirs,* Bruxelles, pp. 121-122.
32. R. Van Doorslaer (1975). *De Kommunistische Partij van België en het Sovjet-Duits niet-aanvalspakt,* Brussel, Masereelfonds, p. 127.
33. F. Selleslagh (1970). *De tewerkstelling van Belgische Arbeidskrachten tijdens de bezetting. 1940,* Brussel, Navorsings- en Studiecentrum voor de geschiedenis van de tweede wereldoorlog, p. 16.
34. Report meeting 11.VIII.1941 printed in: R. Hemmerijckx (1985). *Syndicaat in oorlog. De socialistische vakbeweging in oorlogstijd en het ontstaan van het renardisme (1940-1945),* Brussel, VUB, 1985, 2 vol.; II, pp. 263-265.

In some cases, workers blamed their employers when they were forced to work in Germany.[35]

Moreover, the employers had developed a specific social policy from the summer of 1940 to fill the gap the labour movement left. Stimulated by the CCI, a system of factory councils was developed as an alternative to the trade unions and the joint commissions. In these councils, the impact of pre-war trade unionists was pushed back as much as possible. In the heavy industry in Wallonia these factory councils proved to be effective. They organized, among other things, the distribution of extra food on the factory level. The councils enabled the employers to play along with political and societal developments. In general, the employers avoided showing solidarity with any social reform the occupier initiated and were reluctant to cooperate directly with the Germans' repression of the workers. The employers tried to be the master of the house as far as social policy was concerned. They refused to hand over the lists of instigators of the May 1941 strike to the Germans and backed workers' demands with the authorities.[36] When it became clear in 1942 that forced labour in Germany was on the agenda, a united front of employers refused to hand out the lists of personnel the Germans demanded organize the deportations. But to no avail, because certain employers were threatened with jail and/or fines and gave in. Nevertheless many employers obstructed the operation by handing over incomplete or falsified lists.[37]

Another element of this social policy was the payment of 'black wages' (there was an official wage stop).[38] The profit resulting from production for the enemy was partly redistributed among the workers and consequently a kind of solidarity was created, which was the case in the cement industry, where high profits were made. To compensate *'a-t-elle développé dans une*

35. D. Luyten (1993). 'De hulp van de werkgevers aan de werkweigeraars en gedeporteerden, een bouwsteen van de na-oorlogse sociale verhoudingen?' in F. Selleslagh (ed.). *De verplichte tewerkstelling in Duitsland*, pp. 59-80.
36. J. Gotovitch, 'La grève, p. 98.
37. M. Van den Wijngaert (1990). *Nood breekt wet. Economische collaboratie of accommodatie? Het beleid van Alexnadre Galopin, gouverneur van de Société Générale tijdens de bezetting,(1940-1944),* Tielt, Lannoo, p. 72.
38. Estimates are that the illegal incraese of hourly wages was about 25% between 1941 and 1944 P. Scholliers (1993). 'Strijd rond de koopkracht, 1939-1945', *België, een maatschappij in crisis en oorlog, 1940 = Belgique, une société en crise, un pays en guerre, 1940,* Brussel/Bruxelles, NCWO II/CREHSGM, pp. 245-276; 253.

mesure très large, les initiatives les plus divers au profit du personnel'.[39] Furthermore, hidden unemployment was organized in the steel industry and in engineering as was made clear by the *Betriebsprüfungen.*[40]

At the same time, the employers distanced themselves from the New Social Order. The Union of Manual and Intellectual Workers (UTMI) was not recognized as a partner, and the committees of social experts, designed to replace the joint commissions, met with great opposition. Although principled opposition against the New Social Order was not the only motivation, the ambition to obtain as much autonomy as possible and to keep the unions outside, in order to have a free hand after the war, were other factors. This position contributed to making the economic policy acceptable for the workers. The UTMI was not popular with the workers and in light of the growth of a radical trade union movement advocating social and political change after the war, it was appropriate to deal with its perception. The *rapprochment* with the pre-war unionists fit in the same context and resulted in the Social Pact (1944); an agreement on social reform concluded by pre-war trade unionists and the employers who were receptive to social and economic modernization.[41] As far as more traditionalist entrepreneurs, like Galopin, were concerned, financial support to the pre-war trade unions was not a prefiguration of a new social policy aimed at a collective bargaining economy. Their social views were traditional, even paternalistic. Galopin favoured for instance a '*trève sociale*' (social truce) after the Liberation. Strikes were not allowed and a labour magistracy must judge social conflict, comparable to the system in Italy under fascist rule.[42]

Preservation of the productive apparatus was the main motivation of the Galopin Committee, which became clear in 1942, when forced labour in Germany came into effect. Although the last basic argument of the Galopin Doctrine was invalidated, there was no reason to drop the doctrine. In the third doctrinal memorandum of June 1942, two months after the publication

39. "all kinds of different initiatives on a very large scale for the benefit for the workers had developed." Note relative au comportement de l'industrie belge pendant l'occupation du pays. 27.VI.1942, p. 11. *Archives Société Générale Bruxelles.*

40. Rapport d'expertise Ougrée-Marihaye 28.II.1945 SOMA, *Papiers de Launoit,* 18. Betriebsprüfungen Archives Nationales Paris, *AJ 40* nrs. 93, 94, 96.

41. D. Luyten, G. Vanthemsche (red.) (1995). *Het Sociaal Pact van 1944. Oorsprong, betekenis, gevolgen,* Brussel, VUBPRESS.

42. Quelques réflexions au sujet du rapport de la commission Bekaert 21.X.1943 *Archives Société Générale.*

of a German ordinance of April 1942 that compelled the employers to hand over the lists of their personnel to the authorities organizing labour conscript; the argumentation remained basically the same. The only reaction against Belgian forced labour in Germany was putting a maximum number of people to work in Belgian factories.[43] The same line of argumentation was maintained after the publication of the ordinance of October 6, 1942, introducing forced labour in Germany. This measure was not a reason to drop the Galopin Doctrine, on the contrary; production was to be continued in order to employ as many people as possible, whether or not by organizing hidden unemployment.[44] However, in the memorandum of June 1942 a new danger was highlighted: a more widespread attitude of resistance with the population, fired by the growing influence of the communist movement. One of the explanations was that people were increasingly convinced that production profited the Germans exclusively, at the expense of the Belgian population's needs, which compelled industrialists to decide carefully when accepting German orders.[45]

It is not that surprising that the introduction of forced labour in Germany was not the end of the Galopin Doctrine. Although the argumentation with respect to food supply and the deportation of workers was not unfounded, the basic motivation behind the doctrine had been, since July 1940, the preservation of the productive apparatus and the competitive position of the Belgian economy after the war. These factors were the breaking point, as the Galopin Committee's practice of politics shows.

The politics of production in practice

An assessment of the Galopin Committee's politics can be based on several criteria. From a financial point of view, the German clearing debt was 64 billion BEF.[46] This figure is a synthesis of the Belgian contribution to the Ger-

43. Note relative au comportement de l'industrie belge pendant l'occupation du pays. 27.VI.1942, s. 31 *Archives Société Générale.*
44. La politique suivie par l'autorité occupante en Belgique dans le domaine de l'emploi et de la main d'oeuvre 19.10.1942 *Archives Société Générale.*
45. Note relative.. 27.VI.1942 p. 46, 50.
46. Approximately 11,6 billion Euro in 2003. Conversion based on J. Lust, E. Maréchal, W. Steenhaut, M. Vermote (1997). *Een zoektocht naar archieven. Van NISG naar AMSAB,* Gent, AMSAB, p. 103.

man war economy. The fact that Belgium supported the German war effort like the other occupied territories cannot be denied. Nevertheless qualifications should be made. There was a difference between the branches where the Galopin Doctrine served as a guideline and the other economic sectors. In the branches the holding companies controlled, efforts were made to follow the Galopin Doctrine and there was less readiness to accept, without attempts to refuse or protest, orders incompatible with the doctrine. Decisions of this kind were the subject of consultation within the federations or the groups. Weapons and ammunitions were not produced, unless the company was under German *Verwaltung*. Production linked directly with warfare was generally refused. When Germans applied more pressure, an attempt was made to come to a compromise. If this proved to be impossible, the order was accepted but the execution was delayed, or sabotaged by the workers, which was tolerated. In some cases, the doctrine was not applied consistently, as is shown by the cement industry. In this sector production had been regulated by a cartel since 1935. The agreement on the division of market shares was the outcome of a difficult process of decision-making. In order to be able to continue this agreement after the war, production was maintained at a high level, although the military use of the cement was quite clear.[47]

This factor is the key to understanding the position of the economic elite. Their main aim was the preservation of the productive apparatus and the competitive position of the Belgian economy after the war. From this point of view, the Galopin Doctrine was a success. All of the coalmines, except one, remained open, although the Germans wanted to stop the exploitation of the least productive collieries. In the steel industry, the blast furnaces continued production. In other sectors, like textiles, factories had to close following the policy of concentration. The groups set up a system of compensation that enabled companies that were forced to halt production to continue their commercial activities. In the engineering sector, the group used the distribution of orders to encourage rationalization and standardization of production in order to improve the competitive position after the war.[48] The concern for the post-war period also explains why the policy of the entrepreneurs cannot adequately be labelled as 'collaboration', if collaboration implies the orientation towards integration in the German *Grossraumwirtschaft*. There are two expla-

47. D. Luyten (1996). *Burgers boven elke verdenking?* pp. 216-222.
48. D. Luyten (1997). *Ideologie en praktijk*, pp. 172-199.

nations for this position. The economic elite was not convinced that a German victory was inevitable. This estimation was clear in the memorandum of June 1941. However, as early as October 1940 the CCI protested a speech Victor Leemans, the secretary-general of Economic Affairs, favourable to the European New Order and appointed under German pressure, gave. Leemans announced that the death knell had tolled for economic liberalism and that as a consequence preparations had to be made for Belgium's integration into a *Grossraumwirtschaft* under the dominance of Nazi Germany. The CCI now began defending economic liberalism, since it had brought prosperity for Belgium.[49] Moreover, integration into a German *Grossraumwirtschaft* conflicted with the interests of the holding companies. It was clear that in that hypothesis, large parts of Belgian heavy industry were bound to disappear, which was the significance of the preservation of the economic structure.

Concluding remarks

The Belgian economic elite did not follow a day-to-day policy during the war but acted upon a doctrine, which the Galopin Committee, a shadow-government in the field of social and economic policy, elaborated. The doctrine was fine-tuned to follow political, economic and societal change. The memory of the First World War and its aftermath and the post-war purge affected this doctrine. The economic elite also played a political role by setting itself up as guardian of the political and social unity of the country and speaking in the name of the population. This political role resulted from the economic power of the holding companies that could be traced back, as far as the *Société Générale* was concerned, to the origin of the Belgian state. Moreover, the Galopin Doctrine implied responsibilities resulting in a substitution of the economic elite for the state, which was not able to control the food supply. With the elimination of democracy social regulation had to be reformed. The employers' organizations enabled the economic elite to assume these tasks and made it possible to generate social support for the economic policy, if necessary through the pre-war organizations of the labour movement.

49. CCI. Conseil d'administration 23.10.1940 Archives Auditorat Général *Rapport d'expertise CCI/VEV.*

The Economy of Occupied and Vichy France: Constraints and Opportunities

Hervé Joly

The historiography of French business during the German occupation and the Vichy regime is still underdeveloped. Until approximately twenty years ago, this statement was true for the whole history of French society during this period. However, the pioneer work of the American historian Robert Paxton[1], translated into French in 1973, provoked in the 80s and 90s an important development in the historiography of Vichy government, its administrative bodies and professional groups. The theme of collaboration replaced the long time dominant *Résistance* as a central question for the period.[2] But in the economic sphere there is still a certain deficit. Traditional economic history, more interested in long-term evolution, tended to neglect this period seen as a dark chapter in France's economic development. The only important work was the book of Alan S. Milward (*The New Order and the French Economy*, 1970[3]), but it has never been translated to French, which limited its dissemination. Furthermore, the author was not able to use French archives of the period, which were virtually closed, and his interest was more related to the German side; his questions were more concerned about how the German New Order was implemented in the French economy than how the French economy dealt with the German occupation.

The emergence of French business history from the 70s also brought little knowledge about the Second World War: many of the studies made at the behest or in agreement with the firms themselves (Patrick Fridenson on Renault[4], Jean-Pierre Daviet on Saint-Gobain[5], Alain Baudant on Pont-à-

1. *Vichy France, Old Guard and New Order 1940-1944,* New York, Columbia University Press, 1972.
2. For a recent broad synthesis of this historiography, see Julian Jackson, *France, the Dark Years, 1940-1944,* Oxford, Oxford University Press, 2001.
3. Oxford, Clarendon Press.
4. *Histoire des usines Renault,* Paris, Seuil, 1st ed., 1972.
5. *Un destin international. La Compagnie de Saint-Gobain de 1830 à 1939,* Paris, Archives contemporaines, 1988.

Mousson[6]) were constrained to end in 1939; a few others (like Jean-Louis Loubet on Peugeot[7]) only began after the *Libération* (just a few initial pages evoked the war). Other important branch studies, like the ones of Dominique Barjot on public works[8] and Emmanuel Chadeau on aeronautical engineering[9], integrated the war period, but they did not devote the attention to it one could expect in such voluminous works. Only two pioneer dissertations were centred on the war economy: the ones of Claire Andrieu on the banks (more a study of the profession of bankers than of the firms themselves)[10] and of Danièle Rousselier-Fraboulet on the metallurgy in the industrial city of Saint-Denis in the North of Paris[11]. The *Comité d'histoire de la Seconde Guerre mondiale* initiated and its follower, the *Institut d'histoire du temps present*, completed an important collective study, using their network of local corresponding members, which came out following a conference in 1986. However, it was only partially published in 1994 with a series of short local and branch studies.[12] Two journalists, Renaud de Rochebrune and Jean-Claude Hazéra, finally wrote a long anticipated synthesis on French patrons, *Les patrons sous l'Occupation*, in 1995.[13] They did important work using scientific methods, but the book is mostly a collection of case studies whose representative dimension is sometimes uncertain.

French business history on the Vichy period suffered mostly from problems of accessibility to the archives, which are not necessarily insurmountable. First, in the public archives, the files of the different administrations had major deficiencies *(ministère de la Production industrielle*) or were, until recently, not completely accessible *(ministère de l'Economie et des Fi-*

6. *Pont-à-Mousson (1918-1939), Stratégies industrielles d'une dynastie lorraine*, Paris, Publications de la Sorbonne, 1980.
7. *Automobiles Peugeot 1945-1974*, Paris, Economica, 1990.
8. *La grande entreprise française de travaux publics (1883-1974): contraintes et stratégies*, unpublished dissertation, Université Paris-Sorbonne Paris IV, 1989 (3895 p. !).
9. *L'industrie aéronautique en France 1900-1950*, Paris, Fayard, 1987.
10. *La Banque sous l'Occupation. Paradoxes de l'histoire d'une profession*, Paris, Presses de Sciences Po, 1990.
11. *Les entreprises sous l'Occupation. Le monde de la métallurgie à Saint-Denis*, Paris, CNRS éditions, 1998.
12. Alain Beltran, Robert Frank, Henry Rousso (ed.), *La vie des entreprises sous l'Occupation*, Paris, Belin, 1994. See also other branch studies in Dominique Barjot, Henry Rousso (ed.), "Stratégies industrielles sous l'Occupation", special edition of *Histoire, économie et société*, 1992, n° 3.
13. Paris, Odile Jacob, 1st ed. 1995.

nances).[14] There were many purges against French entrepreneurs after the *Libération*, but the inquiries of the prosecutors were not very thorough and there is no important material available like the NI-documents collected by the Americans for their proceedings against industry at Nuremberg. Secondly, not many enterprises in France, especially in the private sector, are very concerned with the preservation of their history. The numerous mergers and reorganizations in several branches prompted the destruction of important source material. Moreover, French enterprises are traditionally reluctant to open their archives on a period, which still appeared, after the different proceedings against Paul Touvier and Maurice Papon in 90s, to be explosive; historians often had to avoid this period or to write official history with, to use a German word, *Schönfärberei.* In France, even in the last years, there was never as much public pressure as there was in Germany, which would oblige French firms to change their position, with the exceptions of the banks, for the accounts of the plundered Jews, and the French railway state company SNCF, for the transports of the deportees to Germany. Thirdly, French historians rarely use foreign sources, which is not only due to the linguistic barriers. German archives in particular are rarely consulted.

French historians' most used sources are the archives of the professional purges after the *Libération.* The result is a historiography that appears to be, in its main stream, rather uncritical, because of the predominance in the files of defence memories and the weakness of the accusation. A radical critical history, like it existed in Germany, for example with the group leaded by Karl-Heinz Roth[15], was never very strong in France. It exists today with only one historian who is rather isolated in this field, namely Annie Lacroix-Riz, whose work *Industriels et banquiers sous l'Occupation: la collaboration économique avec le Reich et Vichy*, 1999[16] is not very used because of her black-and-white interpretations and her very selective use of the archives. An intermediate point of view between those two opposite positions was not very well represented in the historiography until recently.

---

14. Regarding the archives of different institutions in relation to the economy, see Hervé Joly (ed.), *Faire l'histoire des entreprises sous l'Occupation: les acteurs économiques et leurs archives*, Paris, CTHS, 2004.
15. See, for example, Hamburger Stiftung für Sozialgeschichte des 20. Jahrhunderts (ed.), *Das Daimler-Benz-Buch. Ein Rüstungskonzern im "Tausendjährigen Reich"*, Nördlingen, Greno, 1987 and their review *1999* (since 2002 published under a new name: *Sozial. Geschichte. Zeitschrift für historische Analyse des 20. und 21. Jahrhunderts).*
16. Paris, Armand Colin.

The dominant historiography traditionally insisted on the negative dimensions of the occupation period for the French economy. The winners would have been only dishonest profiteers dealing with black market and German favours. Most established enterprises would have experienced rather hard times. The German occupation was described only as a burden for the French economy (Part I of the following). Recent studies tend to emphasize the fact that some advantages were beneficial to many enterprises (Part II). Like in other fields, the years of occupation are no longer regarded as a period of external constraint only. There was room for a more or less autonomous economic policy (Part III).

The traditional vision: a depressed economy under constraints

This negative description of the situation relied on important objective facts. First, after June 1940 France was a divided and occupied country. The extraordinarily rapid defeat of the French army in May-June 1940, compared to the four years of heroic resistance to the partial occupation of the country during the First World War, induced a complete breakdown of the French economy in the summer of 1940. In the greatest part of France, the material damages of the bombings were not very significant precisely because of the rapidity of the defeat. However, many inhabitants from the north-eastern industrial region flew to the south; transportation was disorganized; raw materials were missing; exports became impossible due to the British blockade; the metropolitan economy was greatly isolated from its important colonial markets, etc. The Germans put great pressure on the economy in the first months in order to weaken the French side during the negotiations at the armistice commission in Wiesbaden. The metropolitan territory itself was separated into different zones: the *Reich* again annexed *de facto* the Alsace-Moselle, and the northern region around Lille was put under German special military administration from Brussels. South-eastern areas in the Alps came under Italian occupation. The rest of France was divided. In the north, the occupied zone was under a double administration of the German *Militärbefehlshaber* in Paris and the Vichy government. In the south, the territory was under exclusive Vichy administration until November 1942. This unoccupied area was, with the exception of the region around Lyon, rather rural and less industrialized. Coal, the most important energy source at the time, had always been a problem for the French economy, which had to import about one third of its requirements before the war. Most mines were in areas that were lost to the

French market (Lorraine, north). Most other coal measures implemented in the unoccupied zone were not able to accommodate the occupied zone, and the Parisian region in particular.

Second, the financial burdens of the occupation were heavy. The German practice of plundering raw materials and goods in the frame of the Göring conception of the occupation, affected the French economy. Even when a more 'regular' form of occupation was adopted after a few weeks, the 'wild' plundering continued during the whole occupation. Yet the normal transactions occurred under false conditions through the extremely severe financial circumstances of the occupation; every day France had to pay 400 millions francs (20 million *Reichsmark*) in occupation costs, which yearly represented more than the entire state budget in 1939. The sum was paid to an account opened for the German *Reich* at the Banque de France and Germans could use it to buy everything they wanted in France. The Germans did not pay for French exports to Germany in cash, but instead with the inscription of a debt in the clearing system, for which only eventual German exports could compensate. The arbitrary exchange rate, imposed by the Germans at 20:1, gave them another advantage. In practice France paid for French sales and exports to the Germans. Vichy wished to avoid financing this significant increase of public expenses by raising taxes. Instead, the government asked the Banque de France to pay advances, producing an important increase of money supply and serious inflation during the whole occupation period (about 400%). Government loans partly repaid those advances to the central bank, making it possible to pay French exporters. Thus, the State partly recuperated the money given to Germany. This reduction of liquidities contributed to limiting inflation, which also stemmed from the scarcity of goods available. But the national debt increased dramatically.

Third, the occupation enabled the Germans to take control of French shareholdings, particularly in third European countries occupied by Germany like Yugoslavia (copper mines) or Rumania (oil interests). The occupiers also tried to take over French firms, either because their capital was considered Jewish or as acts of revenge for seizures of German assets after the Versailles treaty (dye industry). Although the Germans paid for most of the takeovers, it would cost them nothing because the money was taken from the French occupation account.

Fourth, German takeovers were also related to the workforce. The originally voluntary basis, which lasted until mid-1942, had only a limited success. It proved to be incompatible with Germany's introduction of the total war economy. Within the framework of Fritz Sauckel's actions, French workers were sent to Germany on a more frequently compulsory basis, and the expected compensation, the releasing of French prisoners of war, appeared to be an illusion. About 800.000 workers, among them many young people, were sent to Germany.[17]

Fifth, technical regression was clear. The occupation period was a period of scarcity of many materials, especially investment goods, for which France has always been partially dependent on imports. During the four years of occupation, the technical equipment of firms became dilapidated and few investments were made. In the last two years of the war, the risks of destruction by allied bombings again limited the desire to invest.

The advantages of collaboration

The German occupation was a burden for the French economy, but many firms benefited from their collaboration.

To begin with, Germany was an important market for French goods. Although the Germans paid with French money, they paid in cash and because of their financial advantage they were not very aware of prices. The money found its way to the treasury of the firms and generated important profits. The political dimension did not seem to trouble the French firms much. Most other exports were impossible, with the national market broken down; sales to the Germans appeared to be the only opportunity to assure the continuance of their firms, wages for their employees and profits for their shareholders. From the beginning of the occupation many firms appeared to be interested in negotiating contracts with the potentially lucrative German customers. During the first two years it seems as if there was no strong political opposition among the French people against this trade. Even after 1942, the necessity of avoiding the deportation of French workers to the *Reich* often appeared to justify doing business with the Germans.

In the first two years, the Germans were only interested in certain raw materials missing in the *Reich* (iron ore, bauxite, rubber, etc.) particularly goods in which French industry had a strong position (aluminium, planes, textiles,

17. See Bernard Garnier, Jean Quellien (ed.), *La main-d'œuvre française exploitée par le IIIe Reich*, Caen, Centre de recherche d'histoire quantitative, 2003.

etc.) and of course in luxury and consumer goods like perfumes and wines to sweeten the ordinary life of the German middle class. Up to 1942, the needs were more general and a growing part of the French industry, although difficult to quantify because of the indirect supplies, was working for Germany. The whole aeronautic production went to the Germans, at least two thirds of the automobiles, and about half of electric equipment. In the chemical industry the share reached at least one third, and more in some branches like paints or rubber. Seventy-five percent of the cement production was sold to the Germans, and eighty percent of the building and public works were made for them, particularly because of the construction of the Atlantic Wall. Those statistics, which rely on declarations from the firms during the occupation, on the one hand might very well be overestimated in order to obtain more shares of energy and raw materials, but on the other hand do not include subcontracting.

Second, competition in the economic life during the occupation was reduced in both dimensions. Within the national framework, the quota system for allocation of energy or raw materials, the regulation on prices and wages, and the elimination of small firms (see part III), guaranteed the established position of every competitor in the market. At the international level, the breakdown of commercial relations with many countries abroad eliminated foreign competitors. Even German competition was not a threat; because of the exchange rates German products were very expensive in France, and even before 1942, German exports were much smaller than the French ones, contrary to the pre-war situation.

Third, through the important sales to Germany at high prices, the reduction of competition and the regulation of wages, many firms earned important profits during the occupation. The Vichy government refused to increase taxes as it would be needed by the budget. Like in Germany, the distribution of profits to the shareholders was limited to a certain proportion of the registered capital. The opportunities to invest were sparse. Firms were then keeping important profits in reserve, with the perspective of post-war reconstruction.

Fourth, in some branches, like the chemical industry (dye, pharmaceutics, synthetic textiles), aeronautic or automobiles, cooperation with the Germans probably induced a certain technology transfer, though the German industry was very careful because of the risks of generating French competition after the war. In the dye industry for example (Francolor case), the limits of collaboration relied more on the reticence of the IG Farben; the French part appeared to be very interested in collaborating because they hoped to benefit from the technological advance of the Germans.[18]

Fifth, in the branches that were the most engaged in the exports to Germany, firms had to produce more with a workforce reduced by the loss of POWs and the deportation of workers to Germany, although those firms were later protected from those contributions by a particular status as *Sperr-Betriebe.* Like in Germany, the increase of production in a frame of scarcity of energy, raw materials and technical equipment may have lead to an increase of productivity, however difficult to evaluate.

Though it cannot be quantified precisely, the occupation period was not only negative for many firms. They could benefit from commercial, financial and sometimes technical advantages.

An autonomous Vichy policy

The economy of the occupation period should not be studied solely as an economy under foreign constraint. The 'New Order' was also a French idea through relatively autonomous initiatives of the Vichy regime.

1) A planned organization of the economy

As early as August 1940, the Vichy government passed a law, presented as a provisional one, in order to organize the whole economy in *comités d'organisation.* The German model of the *Wirtschaftsgruppen* inspired those structures, but the French government carried them through on its own initiative.[19] Every enterprise, from the smaller ones to the biggest, were obliged to join one or several branch committees in relation to their activities. The State nominated the committee leaders who were private managers and every committee was under the control of a representative of the related ministry ('*commissaire du gouvernement*'). A committee had the power to organize the production of its branch and to decide on the allocation of raw materials and en-

---

18. See Hervé Joly, 'La contribution de l'industrie chimique française à l'effort de guerre allemand: le cas de Francolor ', in Stefan Martens, Maurice Vaïsse (ed.), *Frankreich und Deutschland im Krieg. Okkupation, Kollaboration, Résistance (Nov. 1942-Herbst 1944),* Bonn, Bouvier, 2000, pp. 297-316.
19. See Hervé Joly (ed.); *Les comités d'organisation et l'économie dirigée.* Actes du colloque international, 3-4 avril 2003, Caen, Centre de recherche d'histoire quantitative, 2004.

ergy. The collection of new statistical data was also an important attribution, which summoned the tradition of business secrecy in private firms. The industry organization committees were dependent on a central institution founded by a Vichy law adopted under German influence one month later, *the Office central de répartition des produits industriels* (OCRPI). This institution repartitioned the different sectors into twelve sections and took charge of the general distribution of raw materials.

All those organizations should not be regarded as only institutions of state planning. They relied more on cooperation between the state and the firms; although their managers were formally nominated by state decrees, they were mostly chosen among the 'natural' leaders of the different branches, in greater continuity with the existing employers unions, which were supposed to disappear, but which in practice, survived with a few exceptions.

Within the framework of a concentration policy, Vichy and its economic structures tended to favour the dominant players in each branch and exclude the weakest from the game. Small firms were closed in an attempt at rationalisation. But this technocratic policy was limited, because of its contradiction to an important social basis of the Pétain regime, namely small entrepreneurs, wholesalers, and artisans.

Another aspect of Vichy policy consisted of the elimination of class struggle through a corporatist attempt. Workers were excluded from the 'concerted' economy, but the bipartite (state-private firms) structures were supposed to be provisory, later to be replaced by tripartite ones, including a representation of the workers. A 'labour charter' *(Charte du travail)* giving them rights and duties was adopted in 1941. Certain tripartite institutions were founded, but they never abolished the prerogatives of the provisory structures. The employers were not interested in giving a seat to the workers representatives. Furthermore the Vichy regime never found a solution as to how to represent the workers: the unions were abolished and any democratic election was abandoned. The 'representatives' could not rely on any legitimacy. This attempt at a 'social' component of the regime was a complete failure.

Vichy also undertook its own 'aryanization' policy. With the justification of avoiding a German takeover of assets considered Jewish, Vichy implemented its own anti-Semitic measures of 'aryanization', largely inspired by Germany. Jewish managers, as well as civil servants in the state apparatus, were obliged to resign from their positions. Firms considered individual or collective Jewish property were put under the ruling of a trustee nominated by a new, special state institution, the *Commissariat général aux affaires juives.* His task was to run the firm until any Jewish influence had been dismantled, either by closing it or by selling it. The money from the sale was paid into an account of a state bank *(Caisse des dépôts et consignations)* and, worse than in Germany in 1938, was never given to the sellers. The policy was implemented not only in the occupied zone, but in the whole of France. Many small Jewish shops or small enterprises were dismantled. The 'aryanization' of the bigger firms appeared to be more difficult, although there were several candidates for the purchase.[20] The process was far from finished at the *Libération.* Apart from a few exceptions, Vichy had succeeded in avoiding German control, but this policy very much weakened the economic situation of the Jewish population and appeared to be a first step in their social exclusion and their deportation. But the macroeconomic impact of this policy in terms of economic concentration was small. The Jewish implantation in France was rather small in the economy; it was significant only in branches like merchant banks, chain stores, leather, or jewellery trade.

Certain elements of Vichy policy had of course no future after the war. The aryanization policy was immediately abolished and seized properties were returned insofar as the victims were in a position to reclaim them. However, the corporatist attempt found a prolongation in a new democratic frame, with the rebirth of workers unions and their integration into tripartite commissions for the preparation of the Plan, although up to 1947 the strong position of the communist trade union, the CGT, limited the opportunities of agreements.[21] State interventionism in the economy was also continued in other forms. The *comités d'organisation* were not abolished immediately after the *Libération*; they appeared to be useful because there were shortages in many branches. The practice of making firms declare data about their activities was continued with the growing development of a state statistical apparatus (within the new *Institut national de la statistique et des études économiques – INSEE*).

---

20. See, for the industrial big firms, Philippe Verheyde, *Les mauvais comptes de Vichy, l'aryanisation des entreprises juives*, Paris, Perrin, 1999; for the banks, Jean-Marc Dreyfus, *Pillages sur ordonnances. Aryanisation et restitution des banques en France 1940-1953*, Paris, Fayard, 2003.
21. Philippe Mioche, *Le Plan Monnet. Genèse et élaboration. 1941-1947*, Paris, Publications de la Sorbonne, 1987.

Research in economic and social history of the enterprises during the Vichy regime has increased recently.[22] The creation by the *Centre national de la recherche scientifique* of a *Groupement de recherche* (GDR) in 2002 has further promoted and coordinated this research.[23]

22. See, for a first evaluation, Olivier Dard, Jean-Claude Daumas, François Marcot (ed.), *L'Occupation, l'Etat français et les entreprises*, Paris, Association pour le développement de l'histoire économique, 2000.
23. See programme and activities on the web site http://gdr2539.ish-lyon.cnrs.fr.

Grundzüge der deutschen Wirtschaftsinteressen in Norwegen 1940-45

Robert Bohn

Der deutsche Überfall auf Norwegen war keine von langer Hand geplante Militäroperation, es war im Gegenteil eine Improvisation, zu der Hitler sich aufgrund verschiedener Abläufe sowohl außerhalb wie innerhalb des Reiches, die sich zum Teil seiner Kontrolle entzogen, gezwungen fühlte. Insofern trug auch vieles, was nach der erfolgreichen militärischen Inbesitznahme des Landes an politischen und wirtschaftlichen Vorhaben deutscherseits in Norwegen in Gang gesetzt wurde, den Charakter der Improvisation. Dies bereitete den Zustand vor, der sich zunehmend zu einer reinen Willkürherrschaft des Reichskommissars Terboven entwickelte.[1]

Neben den politischen und gesellschaftlichen Neuordnungsabsichten entwickelten die Besatzer im Sommer 1940 umfassende Neuordnungspläne für die norwegische Wirtschaft. Bei der Entscheidung für den Überfall im Winter 1940 hatte die wirtschaftliche Ausbeutung Norwegens noch keine herausragende Rolle gespielt. Der einzige kriegswirtschaftliche Gesichtspunkt, der zu diesem Zeitpunkt zum Tragen kam, berührte Norwegen nur mittelbar, nämlich in Form der Erzverschiffung über den Winterhafen Narvik. Ausgerechnet dieser Transportweg schwedischen Eisenerzes sollte später während der Okkupation von ganz untergeordneter Bedeutung werden, weil es zunehmend an Schiffsraum mangelte und deshalb die kürzere und sicherere Verbindung über die Ostsee beziehungsweise die schwedische Eisenbahn bevorzugt wurde.

Die deutsche Wirtschaft war mit den Eroberungen ab 1938 in zunehmendem Maße von einer deutschen zu einer europäischen Wirtschaft geworden. Die Stellen im Reich entwickelten dabei aber – trotz der Großwirtschaftsraumphraseologie – kein System, um die verschiedenen nationalen Wirtschaftskörper der okkupierten Länder zu einer einheitlichen Wirtschaft zu

1. Ausführlich und umfassend dargestellt in: Robert Bohn, Reichskommissariat Norwegen. 'Nationalsozialistische' Neuordnung und Kriegswirtschaft, München (Oldenbourg) 2000 (Beiträge zur Militärgeschichte Bd. 54).

verschmelzen. Die "Neue Ordnung", die von der nationalsozialistischen Propaganda für die Wirtschaft verkündet wurde, zeigte sich ab September 1939 lediglich als eine Ausdehnung der "Blitzkrieg-Wirtschaft" (Milward) des Reiches auf die besetzten Gebiete. Das heißt, es fand lediglich eine Ausnutzung der vorgefundenen Ressourcen für die jeweils nächsten Kriegsziele statt.

Deutschlands untereinander konkurrierende Instanzen der Wirtschaftsverwaltung, das Fehlen einer Planung auf höchster Ebene trotz der Institution des Vierjahresplans, das verwaltungstechnische Festhalten daran, daß eine Kriegswirtschaft lediglich eine Wirtschaft zur Erzeugung bestimmter, festgesetzter Mengen an Rüstungsmaterial ist, der gesamte Apparat der Blitzkriegführung – das alles wurde auf die besetzten Gebiete – einschliesslich Norwegen – übertragen. Und es gab dort die gleichen Streitigkeiten wie im Reich darüber, wem was innerhalb der Wirtschaft unterstand. Eine tendenzielle Entflechtung des kriegswirtschaftlichen Planungswirrwarrs trat erst mit dem Aufstieg Albert Speers zum zentralen Lenker der deutschen Rüstungswirtschaft ein.

Der vom Vierjahresplan im Frühsommer 1940 verkündete "planmäßige Einbau der Nord- und Ostseestaaten in das kontinantaleuropäische Wirtschaftssystem unter deutscher Leitung" (Göring) sollte auch Norwegen umfassen. Die Pläne zur Neuordnung der norwegischen Wirtschaft folgten dabei aber keiner geordneten und auf die realen Möglichkeiten der norwegischen Volkswirtschaft ausgerichteten Systematik. Es ging hier, wie anderswo auch, ganz einfach um den möglichst uneingeschränkten Bezug von Bodenschätzen und Erzeugnissen der Land- und Forstwirtschaft, um die Nutzung der Produktionskapazitäten, die Finanzierung der Besatzung und um die Ausweitung deutscher Kapitalbeteiligungen.

Norwegen unterlag damit ebenfalls der simplen pragmatischen Aufteilung in Großdeutsches Reich und besetzte Gebiete. Das Reich diente dabei als Zentrum der industriellen Fertigwarenerzeugung und der Schwerindustrie, während den besetzten Gebieten die Produktion von Verbrauchsgütern und Nahrungsmitteln sowie die Lieferung von Rohstoffen, Energie und Halbfabrikaten zukam.

Trotz detaillierter Beschäftigung mit den wehrwirtschaftlichen Ressourcen Norwegens überblickte die deutsche Führung zum Zeitpunkt der Invasion nicht, daß dieses Land schon bald eine überragende Bedeutung für die deutsche Kriegswirtschaft erlangen würde. Denn mit der Dauer des Krieges und dem Ausfall der Rohstoffzufuhren aus anderen Ländern wuchs der Beitrag Norwegens an den Rohstofflieferungen sowohl qualitativ als auch quantitativ.

Die militärstrategische Bedeutung des Landes stand zwar bis zuletzt mit im Vordergrund der Betrachtungen der deutschen Führung bezüglich Norwegens, so daß eine Unterbindung der Rohstofflieferungen zu keinem Zeitpunkt eine Aufgabe des Landes nach sich gezogen hätte. Es ist aber dennoch zweifelhaft, ob man deutscherseits bis in die letzten Kriegstage hinein Norwegen eine solche Aufmerksamkeit geschenkt hätte, wenn die wirtschaftlichen Leistungen geringer gewesen wären. Noch Ende Januar 1945 schickte der Chef des OKW, Keitel, ein Telegramm nach Oslo an Reichskommissar Terboven, in dem zum Ausdruck kommt, daß Hitler sich zu diesem späten Zeitpunkt, als sich die sowjetischen Truppen bereits der Reichshauptstadt näherten, noch persönlich mit so etwas wie der Frage der Kohleversorgung für die norwegischen Industriebetriebe beschäftigte.

Neben den eigentlichen Wirtschaftsinstanzen im Reich hatte auch der Reichskommissar wirtschaftspolitische Vorstellungen. Terbovens ganze Existenz war zwar die eines überzeugten NS-Ideologen. Aber es war zugleich auch die eines geschickten und selbstbewußten Wirtschaftspolitikers mit umfangreichen Verbindungen zu den Wirtschaftsführern im Rhein-Ruhr-Gebiet. Seine wirtschaftlichen Pläne waren, wie er in der Anfangsphase seiner Herrschaft in Norwegen erkennen ließ, Langzeitpläne, die er, wie das Leichtmetall-Projekt zeigt, nicht durch überzogene Kurzzeitziele der Rüstungsindustrie aufs Spiel setzen wollte. So hat gerade die Art und Weise, wie dieses Leichtmetallprogramm in die Realität umgesetzt werden sollte, offengelegt, wie groß die unterschiedlichen Interessen der beteiligten Machtgruppen waren. Beide Machtgruppen, die politischen und die wirtschaftlichen, hatten den deutschen "Großwirtschaftsraum" vor Augen, doch unterschiedliche Vorstellungen darüber, wie es aussehen sollte.

Die Industrie wollte die "Großraumwirtschaft" als ein einheitliches Wirtschaftsgebiet, von dem sie die fremde Konkurrenz vertreiben und auf dem sie die Bedingungen des wirtschaftlichen Wachstums und des Profits bestimmen konnte. Die Nationalsozialisten wollten die "Großraumwirtschaft" aus genau den gegenteiligen Gründen, nämlich um ihrer Gegen-Revolution Stabilität zu verleihen. Durch Autarkie sollte es diesem Wirtschaftsgebiet und seiner neuen Gesellschaft ermöglicht werden, diesen Zustand zu perpetuieren. So kann es nicht verwundern, daß selbst ein Konzern wie die IG Farben, der den Nationalsozialisten so viel zu verdanken hatte, alles daran setzte, seine Vorstellungen von der Neugestaltung zu realisieren und dabei massiv auf den Reichskommissar Einfluß zu nehmen. Dem Konzern ging es dabei nicht nur um die Aufrechterhaltung seiner Position auf dem Gebiet der Stickstoffproduktion, sondern insbesondere um den Zugriff auf die norwegischen Energiequellen. Dabei schien ihm das Ziel zunächst nicht, wie von Terboven favorisiert, über einen "Elektrizitätsausbau Norwegen" erreichbar zu sein, sondern über die Unterstützung des von Göring ins Werk gesetzten Leichtmetallausbaus. Der Reichskommissar war nolens volens gezwungen, dieses vom Vierjahresplan und vom größten in Norwegen engagierten deutschen Konzern gewünschte Projekt zu unterstützen.

Terbovens wirtschaftspolitische Ziele wurden jedoch nicht allein durch das an den realen Möglichkeiten (sowohl der norwegischen als auch der deutschen) vorbei geplante Leichtmetallprojekt in Frage gestellt. Schon im Herbst 1940 kündigte sich eine Reihe weiterer Faktoren an, die die Pläne des Reichskommissars hinfällig werden ließen. Hierzu zählten vor allem die Materialanforderungen und das Bauprogramm der Wehrmacht, die Begehrlichkeit der Nasjonal Samling und die Warenverknappung im Lande.

Der die Wirtschaftspläne konterkarierende Faktor war die Anwesenheit einer Besatzungsarmee, deren Zahlenstärke (durchschn. 300.000 Mann) und wirtschaftliche Vorhaben in keinerlei ‚gesundem' Verhältnis zur volkswirtschaftlichen Leistungskraft Norwegens standen. Die Notwendigkeit, diese Besatzungsarmee weitgehend mit den wirtschaftlichen Mitteln des besetzten Landes zu versorgen, machte schon nach wenigen Monaten die wirtschaftlichen Neuordnungsbestrebungen illusorisch. Die Nachschubbedürfnisse dieser Armee bedeuteten, daß zu keiner Zeit ausreichend Schiffsraum für die umfangreichen deutschen Projekte vorhanden war. Und ihr Bauprogramm (Eisenbahn, Straßen, Flugplätze, Befestigungen) entzog den Vorhaben des Reichskommissars und anderer deutscher Stellen die Arbeitskräfte und kostete Unsummen, was zu einer erheblichen Belastung der norwegischen Finanzen führte. Denn die Wehrmacht richtete ihren Geldverbrauch nicht nach dem Leistungsvermögen der norwegischen Volkswirtschaft. Sie nahm, was sie brauchte, und überließ die Klärung der Probleme den zivilen deutschen und norwegischen Stellen.

Terboven war durch "Führerbefehl" gezwungen, die Versorgung dieser Besatzungsarmee und ihre Bauvorhaben mit Geld und Material aus der norwegischen Volkswirtschaft sicherzustellen. In keinem Land, das von deutschen Truppen besetzt worden war, war das zahlenmäßige Verhältnis zwischen den Besatzungstruppen und der Bevölkerung so ungünstig und die geldmäßige Belastung pro Kopf der Bevölkerung auch nur annähernd so hoch wie in

Norwegen. Zudem war das Land mit seinen schwierigen landwirtschaftlichen Bedingungen durch die Abschneidung der Versorgungslinien nach Übersee härter getroffen als irgend ein anderes europäisches Land.

Das Schwergewicht des Arbeitsmarktes wurde vollständig auf die Bautätigkeit verlegt, und die Bauabsichten und Baupläne überstiegen bei weitem das, was das Land an Ressourcen dafür hergeben konnte. Die übrige Wirtschaft wurde durch diese Bautätigkeit nicht nur in ihrer Versorgung mit Arbeitskräften, sondern auch dadurch eingeschränkt, daß diese Bauprojekte einen großen Teil der Transportmittel in Anspruch nahmen und dadurch den ohnehin mangelhaften Transportraum noch mehr verknappten. Das galt nicht nur für den Verkehr mit dem Reich sondern auch innerhalb Norwegens.

Das exorbitante Bauen hatte auch Auswirkungen auf die Arbeits-Gesetzgebung, die ständig den Bedürfnissen der Bauprojekte – sowohl der zivilen als auch der militärischen – angepaßt wurde. Wenn sich Gesetze als nicht hinreichend tauglich erwiesen, mußten sie auf deutsches Verlangen hin geändert oder ausgeweitet werden. Diese Änderungen führten nicht selten dazu, daß vorher den norwegischen Behörden gegebene Garantien, die deren Mitwirken erst in Gang gesetzt hatten, aufgehoben wurden. Dies trug in wachsendem Maße dazu bei, bei der Arbeiterschaft und der norwegischen Administration Widerstand zu wecken. Dieser Zustand wiederum verschlechterte das Verhältnis zwischen dem Reichskommissariat und den betreffenden NS-Ministern, denen Inkompetenz in der Staatsverwaltung, wenn nicht gar Renitenz vorgehalten wurde. Hinzu kam, daß die Verweigerungshaltung der Bevölkerung gegenüber der Arbeitseinsatzgesetzgebung zu einem wirksamen Instrument in den Händen der Exilregierung und der Widerstandsbewegung wurde.

Von besonderer Bedeutung war die deutsche Finanzpolitik in Norwegen. Die gewaltige finanzielle Belastung drohte die norwegischen Staatsfinanzen zu zerstören. Denn die normale Erscheinung der Kriegswirtschaft – durch öffentliche Aufträge gesteigerte Kaufkraft einerseits und Warenmangel andererseits – blieb auch Norwegen nicht erspart und nahm hier sogar einen besonders großen Umfang an, insbesondere wegen der Aufträge im Rüstungs- und Bausektor, die im Verhältnis zu der geringen Wirtschaftskraft des 3-Millionen-Volkes eine ganz ungewöhnliche Größe erreichten. Die regulativen Maßnahmen, die zur Bekämpfung der schädlichen Folgen dieser Erscheinung durch die Finanzsachverständigen des Reichskommissariats getroffen wurden, waren umso mehr einer starken Belastungsprobe ausgesetzt, als die spekulative Einstellung eines Großteils des norwegischen Handels und der Bauwirtschaft diese Kriegswirtschaftsordnung als ein lästiges Hemmnis empfinden mußte.

Auch die Einstellung der Wehrmachtswirtschaftsstellen zu diesem Problem war indifferent, und der stete Kampf des Reichskommissariats gegen den Schleichhandel und die Lohntreiberei begegnete insbesondere bei nachgeordneten Wehrmachtdienststellen nicht immer dem nötigen Verständnis. Auch die Protagonisten der Nasjonal Samling (NS) standen den finanzwirtschaftlichen Lenkungsmaßnahmen häufig verständnislos gegenüber. Dies war eine ständige Quelle für Friktionen, wobei sich nicht einfach nur die deutschen und die norwegischen Nationalsozialisten gegenüberstanden, sondern die Fronten liefen quer durch die Parteien: Auf der einen Seite gab es die ‚pangermanische' Fraktion in der NS, die den deutschen Lenkungsmaßnahmen – aufs Ganze gesehen – willfährig gegenüberstand; es gab aber zugleich auch eine starke nationale Fraktion, die in den deutschen Maßnahmen eine Ausplünderung des Landes sah. Auf deutscher Seite wiederum standen die Ressortbeamten, die mit den ‚Pangermanen' zusammenarbeiteten, gegen die Ideologen um den Einsatzstab, die eine Nazifizierung des norwegischen Wirtschaftslebens nach deutschem Muster unterstützten.

Bei dem Bestreben, eine Inflation zu vermeiden, war es für die deutschen Finanzexperten verhältnismäßig leicht, die traditionellen norwegischen Behörden zur Zusammenarbeit zu bewegen – ungeachtet der sonstigen politischen Unterschiede und Gegensätze. Es war im Gegenteil sogar so, daß die nicht der Nasjonal Samling nahestehenden Beamten stärker auf die Bekämpfung der Inflation bedacht waren als die "nationale norwegische Regierung" Quislings. Die Maßnahmen des Reichskommissariats auf diesem Gebiet waren in nicht geringem Maße auch gegen die Wehrmacht gerichtet, beziehungsweise deren Verbrauch von Dienstleistungen und Waren.

Eine Inflation läßt sich aber nur dann verhindern, wenn trotz Geld- und Preiskontrolle und Rationierung noch ein Minimum an Waren über den freien Markt erhältlich ist. Daher durfte der Verbrauch der Besatzungsmacht ein bestimmtes Maximum nicht übersteigen. Mit der Besetzung waren die lebhaften und volkswirtschaftlich enorm wichtigen überseeischen Handelsverbindungen Norwegens auf einen Schlag abgeschnitten. Die dadurch ausbleibenden wirtschaftlich wichtigen Zufuhren konnte Deutschland jedoch wegen eigenen Mangels nur teilweise ersetzen und es mußte seine Lieferungen zudem immer mehr einschränken. Nur zum Teil konnte Norwegen auf einheimische Austauschstoffe an Stelle der bisherigen Bezüge aus fremden

Ländern umstellen, zum Beispiel in der vermehrten Verwendung von Brennholz statt Kohle für die Verkehrsmittel oder den Einsatz von Futterzellulose in der Viehwirtschaft. Diese Umstellungen wiederum machten einen beträchtlichen Kapitaleinsatz erforderlich, um die Wirtschaft nicht nur für die Binnenversorgung, sondern auch für die Interessen der deutschen Kriegswirtschaft am Laufen zu halten.

Die deutsche Finanzpolitik in Norwegen war, wenn man ein funktionales Urteil fällen soll, unter den gegebenen Umständen sinn- und erfolgreich. Es wurde – gegen Nasjonal Samling – eine effektive Steuerpolitik durchgesetzt, die die in Folge der Geldvermehrung gestiegene Kaufkraft abschöpfte und die Inflation dadurch in erträglichen Grenzen hielt. In Verfolg dieser Aufgabe fand auch eine Modernisierung des norwegischen fiskalischen Apparates und Instrumentariums statt, die den Staat in die Lage versetzte, in weit größerem Umfang als zuvor Zugriff auf die Einkommen seiner Bürger zu erhalten.

Bei der Suche nach wirtschaftlichen Interessenten an Norwegen stößt man neben der Wehrmacht und den unmittelbar mit der Rüstung befaßten reichsdeutschen Stellen auch auf die großen Konzerne der deutschen chemischen und Elektroindustrie. Schon lange vor dem Krieg interessierten diese sich für die schier unerschöpflichen Energiequellen des Landes. Gemeint sind die damals für die Elektrizitätserzeugung in Betracht gezogenen Wasserkräfte, nämlich etwa 1.000 nutzbare Wasserfälle mit einer Gesamtleistung von 10-12 Mio Megawatt, die, so die deutschen Vorstellungen, die Errichtung von gewaltigen Industrieanlagen ermöglichten, die zudem meist in der Nähe von Erzgruben gelegen und durch die tief ins Land schneidenden Fjorde mit Schiffen leicht zu erreichen gewesen wären. Letzteres hätte die Transportkosten relativ niedrig gehalten.

Der Nutzbarmachung und Ausbeutung dieser Ressourcen waren aber durch gesetzliche Regelungen Grenzen gesetzt, die in Norwegen nach der Erringung der staatlichen Unabhängigkeit 1905 aufgestellt wurden, denen zufolge alle Naturreichtümer des Landes der Ausbeutung durch einheimisches Kapital und in staatlicher Regie vorbehalten bleiben sollten. Mit der Okkupation des Landes schien diese Konzessionsgesetzgebung hinfällig zu werden, so daß das Interesse der deutschen Konzerne, die bislang durch Minderheitenkapitalbeteiligung in die Projekte integriert waren (Beispiel IG Farben bei Norsk Hydro), an einem weiteren Ausbau der Kraftwerke und Industrieanlagen entflammte.

Die Absichten der deutschen Industrie zielten darauf, in die wichtigeren norwegischen Industrieunternehmen als Mehrheits-Aktionäre einzutreten. Erleichtert wurde das Bestreben dadurch, daß in der norwegischen Industrie umfangreiches britisches, französisches und US-amerikanisches Kapital angelegt war, das als feindliches Vermögen gemäß Kriegsvölkerrecht unter deutsche Sequestration fiel. Als Vermögensverwalter wurden durchweg Vertreter der großen, an Norwegen interessierten Konzerne eingesetzt. Auf diese Weise konnte sich beispielsweise der IG Farben-Konzern durch Übernahme britischer und französischer Anteile faktisch die Aktienmehrheit am größten norwegischen Industrieunternehmen, dem Norsk Hydro-Konzern, sichern.

Versucht man, den Beitrag Norwegens zur deutschen "Großraumwirtschaft" zusammenfassend zu beurteilen, dann kommt man zu einer für die nationalsozialistischen Planer und Politiker ernüchternden Bilanz. Auf kaum einem Gebiet wurden die hohen Erwartungen erfüllt. Ja es war sogar so, daß die Leistungen bis 1942 rapide sanken. Das hatte neben den sich verschärfenden Transportproblemen und der erzwungenen Konzentration auf die Bauwirtschaft seine Ursachen letztlich im Planungswirrwarr der mit der norwegischen Wirtschaft befaßten reichsdeutschen Stellen zu tun – sprich Vierjahresplan und seine Unterabteilungen. Dazu gehört auch, daß die Produktion rüstungswirtschaftlicher Güter durch das überdimensionierte Leichtmetallprojekt stark beschränkt wurde. Erst als dieses – notgedrungen – zurückgeschraubt wurde und im Reich unter Albert Speer eine zentrale kriegswirtschaftliche Lenkung einsetzte, die klare Prioritäten setzte, konnte die norwegische Produktion rüstungswirtschaftlicher Güter wieder angehoben werden. Die Konstruktion der "neuen europäischen Wirtschaft" trat nun allerdings in den Hintergrund zugunsten der Organisation einer europäischen Kriegswirtschaft.

Die Rohstofflieferungen aus Norwegen gewannen in dem Maße an Bedeutung für die deutsche Rüstungswirtschaft, wie andere bedeutende Rohstoffquellen, etwa Sizilien für Schwefel und die südöstliche Ukraine für Eisenerze und Stahlveredler, verloren gingen. Doch 1944 wurde auch die norwegische Wirtschaft in die deutsche Agonie hineingezogen.

Der deutsche Zugriff auf die kriegswirtschaftlichen Ressourcen Norwegens ist letzten Endes in ganz anderer Weise vonstatten gegangen, als es die ursprünglichen Planungen über die Neuordnung der norwegischen Wirtschaft vorgesehen hatten. Die Neuordnung war sektoral schlicht und einfach nichts anderes als eine zunehmend offene Ausbeutung – wobei in diesem Zusammenhang aber eindeutig festgehalten werden muß, daß zwischen Neuordnung und Ausbeutung kein inhärenter Widerspruch bestand. Bei all dem blieb die Okkupationsherrschaft stets eine Improvisation, die immer neue Improvisationen erzwang. Aus diesen einmal geschaffenen Verhältnissen konnten sich weder Terboven noch seine führenden Mitspieler lösen.

Der Unterhalt einer bis zuletzt intakten kampffähigen Armee war letztlich das vielleicht einzige Resultat. Die wirtschaftlichen Neuordnungsprojekte in Norwegen selbst waren, wie die angestrebte politische Neuordnung, ein Fehlschlag.

Business Elite Networks in Denmark: Adjusting to German Domination

Joachim Lund

Research on the impact of the war (1939-1945) on Denmark's industrial history was for a long time nearly nonexistent. Far into the post-war years, it was common left wing and trade union knowledge that large parts of industry had profited from the German occupation at the expense of the workers, while right wing representatives of business and employer's organizations claimed that the war years had been harsh times and that most industrial enterprises barely survived. In terms of historical research, there were seemingly more interesting issues to investigate, things that were not well known to the public: the political-military background for the occupation of April 9, 1940, the history of the resistance and the workings of the so called policy of cooperation in government, in the parliament and between Danish and German authorities.[1]

In the heated atmosphere of the summer of 1945, the public agenda had become extremely national and moral. Politicians, civil servants and businessmen were on trial for having put national interests at stake during the occupation years. Politicians of the old parties, who had carried through the political collaboration from 1940-1945, now found shelter in the Danish version of the myth of the so called *résistancialisme*: the idea that as a part of the united, Danish society opposing the German occupation, the political parties had

1. For an introduction to the theme, see Henrik Dethlefsen: 'Denmark: The Diplomatic Solution', in: Wolfgang Benz/Johannes Houwink ten Cate/Gerhard Otto (Hrsg.): *Anpassung, Kollaboration, Widerstand. Kollektive Reaktionen auf die Okkupation.* Reihe Nationalsozialistische Besatzungspolitik in Europa 1939-1945, Bd. 1, Berlin 1996, pp. 25-41; Henrik Dethlefsen: 'Denmark and the German Occupation: Co-operation, Negotiation or Collaboration', in: *Scandinavian Journal of History*, vol. 15, 3/1990, pp. 193-206; Ole P. Kristensen: 'Denmark: Occupation without an Occupation Regime', in: Wyn Grant/Jan Nekkers/Frans van Waarden (Hrsg.): *Organizing Business for War. Corporatist Economic Organization during the Second World War*, New York/Oxford 1991, pp. 185-194.

actually been preparing for the breakdown of Danish-German negotiations in 1943, secretly supporting the resistance. The myth covered up the fact that the government had in fact been most sincere when leading the policy of collaboration, always convinced that this policy was the only way to safeguard Danish interests.[2]

The problems and development of business life during the war years were not left untouched, and an equal myth of *résistancialisme* appeared regarding the role of industry. In 1949, the Danish Industrial Association, the unofficial coordinating body of Danish industry managers, published the first volume of the two volume "Conditions of Industry during the Occupation", written by Arne Lund, the long time high-ranking member.[3] While volume I concerned itself with the regulation of Danish economic life during the occupation, volume II was supposed to address the effects of regulation on industrial production, employment, profitability, and structure. Volume II, however, was never published. Per H. Hansen has recently given one explanation, when he suggested that such a study would have revealed a very high profitability in certain branches of industry. Such a picture would have challenged the official, national history of the entire Danish nation that suffered from German occupation and oppression and stood united in the struggle against the invader.[4]

Industrial adaptation and collaboration

Thus, as Danish industry's official account of the war years was quietly shelved, one can get an impression of its official stance on the conditions during the German occupation in a different publication. The Employer's Association's fifty years jubilee publication from 1946 stated, "No Danish organization or institution is nationally more irreproachable in the annals of the occupation." The author admitted to the fact that very few companies had actually refused to accept German contracts, but he also emphasized that no

2. See Hans Kirchhoff: *Samarbejde og modstand under besættelsen. En politisk historie*, Odense: Odense Universitetsforlag 2001, pp. 9-12; 334-40.
3. Arne Lund: *Dansk Industriberetning.* Industrien under den tyske Besættelse 1940-1945. I. Del. Reguleringen. Copenhagen 1949.
4. Per H. Hansen: 'Industrien'. *Gads leksikon om dansk besættelsestid 1940-1945*, Copenhagen: Gad 2002.

one knew what the ramifications would be if the Germans had been met with nothing but refusal.[5]

However ambivalent, this position was typical for the political and economic elite of the time. To the well-known, official opinion of the "responsible" politicians who had cooperated with the German occupier for five years was added the necessary resistance viewpoint, so popular in the liberation summer of 1945. A number of civil servants held the same position in several short but clear-cut studies of the Danish economy during the war years. For instance, civil servant Jens Otto Krag, leading social democrat and a future prime minister, concluded that public regulation of production, imports and exports had been largely satisfying, minimizing the dangerous effects of failing foreign supplies of raw materials and fuel. Krag stated that the government actually succeeded in preserving an independent national economy, and he accused the critics of the policy of cooperation for not having realized the costs, had the government refused to cooperate (characteristically, he found it necessary to add that this statement was by no means directed at the effort of the resistance). Krag also, in one of the very few official acknowledgements of the time, made it perfectly clear that during the war, production as a whole had had to change its course, "Danish business had to adapt itself to a greater degree of self-sufficiency – properly speaking not so much Danish self-sufficiency, but rather continental self-sufficiency, to which the German economy had switched in the course of a decade, with the object of total war. We had become a part of the greater German area".[6]

The overall picture is quite clear; Danish industry, because of its high degree of dependence on exports and imports, was in many cases forced to do business with the German occupying forces or with Germany itself from 1940-1945. They did business not because they liked it, but out of economic necessity and national motives. It was a matter of continuing production and, on the whole, keeping the country supplied with the most necessary fuels, foodstuff and raw materials. To refrain from doing so would have meant a collapse of the economically fragile Danish society. This picture has more or less remained intact until today, which is probably why, in the Danish media, "scandalous" revelations of industrial collaboration during the German occu-

---

5. *Arbejdsgiverforeningen gennem 50 Aar 1896-1946*, Copenhagen 1946, p. 99.
6. Jens Otto Krag: 'Byerhvervene og Krigsøkonomien', in: Hartvig Frisch el al: *Danmark besat og befriet* vol. II, Copenhagen 1947, p. 5-89 (15, 28, 49).

pation are still breaking news. The majority of the Danish population has still not come to terms with the fact that their country in the years between 1940-1945 displayed not only resistance, strikes and rescuing of Jews, but also resignation, adaptation, and cooperation.

Adaptation, thus, was the keyword and as a whole, Danish society showed a widespread ability to adapt to the occupation. On most issues, the government pursued a policy of collaboration, which would satisfy German expectations as far as possible. Conscripts were allowed to join the "Free Corps Denmark" of the Waffen SS, fighting on the eastern front (12.000 volunteered, 6000 of whom were enrolled), leading communists were arrested and interned (a manifest violation of the Danish constitution), communist activities were prohibited (on the Danish government's initiative), and in November 1941, Denmark joined the Antikomintern League after heavy German pressure. The government was forced to resign during the general strikes of August 1943, but departmental collaboration continued. A minimum of 128,000 unemployed Danes went to Germany on the authorities' requests in order to get a job (helping to put an end to serious pre-war unemployment) and back in Denmark, business was busy keeping the economic collaboration going, building Luftwaffe air fields and Atlantic Wall fortifications. German ships were repaired and new ones built at Danish shipyards under the so called Hansa Programme, and Danish building contractors began conducting business in Germany and Eastern, occupied Europe. Although hampered by the increasing sabotage later in the war, small-scale industry supplied the Wehrmacht with gun parts and radio equipment.Moreover, the largest single arms manufacturer, Dansk Industri Syndikat A/S,[7] sold large quantities of complete machine guns and cannons to Germany. The A.P. Møller Corporation (today the A.P. Møller Group), the dominant shipping company, controlled Dansk Industri Syndikat A/S, and for its role in supplying the Germans the resistance blew up the factory three times.

The official policy of the Danish government, the so called policy of cooperation, furthermore facilitated the high degree of business opportunism. In Denmark things were not as clear-cut as they were in countries like Norway and the Netherlands, both of which were officially at war with Germany, and whose governments had escaped the country. Danish business managers could easily do business with the Germans without having to confront them-

7. [A/S = Ltd.]

selves with the question of right or wrong. True, on an individual, moral level (and in the later war years, for matters of personal security as industrial sabotage and liquidations increased), it became increasingly difficult to uphold the view that one should not confuse business with politics. But for more than three years, between the occupation of April 1940, and the serious crisis of political relations with Germany in August 1943, economic collaboration with the occupying forces and commercial relations with Germany were perfectly in keeping with the official policy of the Danish government. In April 1940, when approached by Wehrmacht representatives and asked to take on a contract to build airfields for the Luftwaffe in Jutland, the construction company A/S Wright, Thomsen & Kier immediately contacted the government and asked what to do. The company was promptly asked to do the job; otherwise, the argument ran, the Germans would just do it themselves, and the Danish government would lose control of the works. After the war, when the company stood trial for having cooperated too closely with the Germans, for which the Danish National Bank paid exorbitant prices, the company's April 1940 correspondence with the government proved an excellent alibi. The company was acquitted, leaving the prosecutor with no other option than to drop the cases against other construction companies as well. Many of them had worked extensively for the Wehrmacht, but they had done so with the blessing of the government.

Other companies were bolder. The managers of the above mentioned arms manufacturer Dansk Industry Syndikat A/S took only a few days, following the occupation in April 1940, before they established contact with German authorities in order to draw the German's attention to the first class Danish producer of machine guns. A few weeks later, the first contract was signed. Once again, the Danish government approved the deal, which, for its own part, saw to it that the arsenal of the Danish army was secretly installed as a connecting link between the D.I.S. and the Wehrmacht, since arms exports to states at war were illegal. The times were indeed extraordinary, and lesser principles could be sacrificed for the greater good, i.e. the relationship with the occupying power and with that, the survival of Denmark as an independent state.

The Second World War seriously affected Danish industry. Relying heavily on imports of raw materials like metals and textiles, and on all kinds of fuels, industry production was forced into a decline as overseas supplies came to a halt. During the occupation, industrial productivity fell by twenty-one percent between 1938 and 1945. However, as the pre-war system of trade talks was upheld during the entire occupation, negotiators of the Danish government were able to put forward the most urgent import needs; moreover, since the Germans had no wish to inflict economic and social chaos in Denmark, they would normally comply with the Danes' most important wishes. In the spring of 1941, the occupying power had finally discovered that contrary to its pre-war beliefs, Denmark was not (only) an old-fashioned agricultural society. The Wehrmacht was building up a network of Danish suppliers and contractors, in particular shipyards, arms manufacturers, tools and machinery, vehicle repair shops, aviation/communications/optical equipment, clothing, and construction companies. In the summer of 1940, an agreement was reached, whereby German industrial orders in Danish industry, the so-called Extraordinary Industrial Supplies, would need the approval of the Danish government in every single case. Furthermore, the Germans would guarantee the supplies of raw materials and fuel for each order that was placed with Danish industry. As the Wehrmacht was increasingly making use of the Clearing and Wehrmacht accounts of the Danish National Bank, inflation was unavoidable and in order to at least control prices, a committee was set up in the Ministry of Foreign Affairs, increasing government regulation to an unforeseen level. Until May 1945, the German *Auftragsverlagerung* in Denmark amounted to around 500 million *Reichsmark*. In 1943, fifteen percent of the total Danish industrial production went to Germany or the Wehrmacht stationed in Denmark. In certain branches, the numbers were considerably higher: iron and metal industry (twenty-eight percent), men's clothing (thirty-seven percent), and cement works (sixty-two percent). Branches the German purchasers from the Wehrwirtschaftsstab Dänemark (later Rüstungsstab Dänemark) did not consider so important were seriously hit and factories producing e.g. fertilizers or vegetable oil products were forced to either close down or make serious cutbacks. At a general level, however, primarily because of a general scarcity of products and a great surplus of money in society, industry was able to sustain good profits, with an average return on equity from 1940 to 1944 of nine percent. The development of industry shares followed suit. Not until 1943-44, did increases in investment finally slow down because of the lack of raw materials.[8]

8. Per H. Hansen: 'The Danish Economy during War and Occupation', in: Richard Overy/ Gerhard Otto/Johannes Houwink ten Cate (Hrsg.): *Die "Neuordnung" Europas. NS-Wirtschaftspolitik in den besetzten Gebieten.* Reihe Nationalsozialistische Besatzungspolitik in Europa 1939-1945, Bd. 3, Berlin 1997, pp. 63-81. For the Extraordinary Industrial Supplies, see Philip Giltner: *"In the Friendliest Manner". German-Danish Economic Cooperation*

Levels of adaptation and collaboration

After the occupation of April 9, 1940, much pre-war sympathy for the German National Socialist regime was overshadowed by strong nationalist, anti-German sentiments. Despite a certain growth in party membership, the Danish National Socialist Workers' Party had no political breakthrough in Denmark, gaining only 43,000 votes (2,1%) in the semi-free parliamentary elections of March 1943. There is no evidence yet to show how many business managers actually joined the party for economic reasons, hoping for better opportunities on the Danish export market in the German controlled European *Grossraumwirtschaft*. However, there is no reason to believe that the percentage of party membership or party affiliation was higher among business managers than in the general population. Certain prominent business leaders, however, did become involved in the business activities of the Nazi Party without actually being a member, such as Thorkild Juncker, director of the largest vegetable oil plant in Denmark, the Århus Oil Factory, who made it to the list of ministers-to-be in a future Danish Nazi cabinet. Likewise, nothing, as yet, would indicate that business managers could be found in great numbers in the resistance. The example often referred to in this respect is Erling Foss, engineer and director, and a co-founder of the Danish Freedom Council, which coordinated the Danish resistance from the autumn of 1943.[9]

A high degree of opportunism or pragmatism was probably what characterized the attitude of most Danish business managers towards the occupying power. Following the occupation, many companies joined the German Chamber of Commerce in Copenhagen, doubling the number of individual and company members in less than a year. Although a number of Danish members might indeed have sympathized with the goals and intentions of the German Chamber of Commerce, a membership did not in itself make them national socialists. Some simply thought it was a good idea to join, now that Germany seemed to be controlling the future of Europe. German representatives strongly advised exporters to Germany or suppliers to the occupation forces to join, or they freely joined for competitive reasons. Originally con-

---

During the Nazi Occupation of 1940-1945, Studies in Modern European History Vol. 27, New York: Peter Lang 1998.

9. See Mogens Rüdiger: *Uden tvivl. Erling Foss 1897-1982*, Copenhagen 2000.

cerned with the establishment of contacts between Danish and German companies, the German Chamber of Commerce was constantly seeking to improve its power base, gathering information about Danish companies with a view to expelling companies with Jewish owners from Danish-German trade. But since the mediation between Danish companies and their German partners was left in the hands of the Danish Industrial Council and the Wehrwirtschaftsstab Dänemark, the German Chamber of Commerce was, in fact, reduced to a simple information agency. This situation was unlike the Netherlands, for instance, where the German Chamber of Commerce played a certain part in German attempts at *Kapitalverflechtung* (acquisition of large parts of shares in companies considered of central importance to Germany). In Denmark, it remains to be seen whether any *Kapitalverflechtung* or *Cloaking/Tarnung* (concealing a firm's true [i.e. German] ownership) actually took place.[10] As one can see, the *Auftragsverlagerung* was the primary way in which Danish industry was set to work for the German war machine.

The significance of networks

During the first years of the occupation, more than a few prominent leaders of industry became involved in a number of, more or less, fixed, unofficial groups, exchanging knowledge and information about the new economic and political situation in Europe. The European state system, as well as foreign and domestic economic opportunities, was changing quickly and in this situation, unofficial networks seemed to be an advantageous way of orientating oneself and supporting each other. Pre-war contacts and networks were the obvious starting point. Business managers would already be familiar with each other through boards, trade organizations, and cartel negotiations. Often, these groups were based on the dynamics of one singular person and dependent on the leader aspirations and abilities of this person.

One such network was the *Society for the Advancement of Business* (Selskabet til Erhvervsfremme), which was made up by prominent business managers and companies like Rudolf Christiani (engineer and a liberal MP), Chr. S. Dahl, Axel Olsen, Einar Foss (director of the cement monopoly F.L.

10. For the Netherlands, see Gerard Aalders: 'Three Ways of German Economic Penetration in the Netherlands: Cloaking, Capital Interlocking and "Aryanization"', in: Overy/Otto/Houwink ten Cate (1997), pp. 273-98.

Smidth & Co. A/S 1940-41), M.C. Holst (Århus Oil Factory), Kampsax A/S (a leading construction company), A. Monberg (engineer), "Grosskaufmann" Victor B. Strand (Valdemar Tørsleff & Co.), and T.K. Thomsen and H.K. Wright (directors of the construction company A/S Wright, Thomsen & Kier).

F.C. Boldsen (1877-1954), founder (1920) and director of the Copenhagen General Housing Society (Københavns Almindelige Boligselskab), Denmark's largest cooperative housing and building society headed the *Institute for Economic Issues* ("Økonomisk Arbejdsbureau"). The "institute" was engaged in the preparation of reports on national economic and business issues and included several high ranking academics and lawyers in its work. At least one senior civil servant of the Ministry of Foreign Affairs, Knud S. Sthyr, was a member. F.C. Boldsen himself was a member of the German Chamber of Commerce 1941-44; he also took part in the meetings of The Society for the Advancement of Business.

The Study Group of 1940 (Studiekredsen af 1940) has left more traces in the source material.[11] According to its own documents, the object of the group was "the adaptation of business to the demands of the time and through that a strengthening of Danish business interests, in particular with a view to commercial relations between countries... The idea is through [lectures and discussions] and through the circulation of relevant books, to familiarize the members with the newest principles and ideas in the field of business, including the organization of businesses at home and abroad and the newest principles of international trade." In May 1942, with fifty-three members, director J.C. Hempel of Hempel's Marine Paints headed the study group, aided by his two companions from the Rotary Organization, E.J. Ipsen (chairman of the interest organization of the automobile owners with links to the German Minister for Munitions and Generalinspektor für das deutsche Strassenwesen, Fritz Todt) and T.C. Thomsen (engineer and director of I. Krüger A/S, manufacturer of water treatment works). In May 1941, the chairman, Hempel, stated, "We do not know who will win this war, but to every reflective person it must be evident that what once was will never reappear in the old form". He was referring to the topics of the many lectures that had been given in the study group already. Until the summer of 1944, when

11. References regarding the Study Group of 1940 are given in Joachim Lund: *Hitlers spisekammer. Danmark og den europæiske nyordning 1940-43*, Copenhagen: Gyldendal 2005, pp. 120-34.

the group was dissolved, lectures were given on economic, financial and commercial, as well as social and political issues, some of them seemingly neutral, others packed with anti-democratic or anti-communist/Soviet contents. Of the Danish lecturers, only one can be recognized as a National Socialist. The others were mostly of the business and political establishment, favouring the policy of cooperation, and German guests.

It was no coincidence that the Germans considered the Study Group of 1940, as well as Boldsen's "institute", friendly to the German cause of a "New Order" of Europe. In September 1941, Kurt Buck, chairman of the German Chamber of Commerce in Copenhagen, told the German envoy to Denmark, Renthe-Fink, that these groups consisted of respected members of business life with a positive attitude, who were working at establishing contact with German business organizations in preparation for the future development in the economic unity (*Verflechtung*) of Denmark and Germany".[12] In the spring, Hempel, chairman of the Study Group of 1940, had been a guest of honour at the Vienna Fair, and during a number of visits to Germany, he established several contacts with *Reichswirtschaftskammer* and the *Deutsche Arbeitsfront.*

Perhaps the purpose of networks like the three mentioned is, in fact, very well described in a publication from the National Socialist *Nordische Gesellschaft,* published in 1941. Inside the propaganda language of the book, titled "Deutschland und der Norden. Gemeinsame Wege zur Kontinentalwirtschaft", there was a core of truth, when it stated that

> "Das Jahr 1940 war für Dänemark von grosser politischer und wirtschaftlicher Bedeutung. Der 9. April 1940 wird in die dänische Geschichte der Neuzeit nicht nur als ein Tag der Schutzbesetzung, sondern als Anfang der Wende der dänischen Wirtschaft eingehen. Heute sind sich alle führenden Wirtschaftskreise in Dänemark bereits dessen bewusst, daß das bisherige, an Großbritannien gebundene Handelssystem nicht wiederkommen wird, ganz unabhängig davon, wie auch immer der Ausgang des Krieges sein wird. Aber auch die Erkenntnis von der Bedeutung der Ausrichtung der dänischen Wirtschaft auf den grossdeutschen Wirtschaftsraum wächst langsam, aber unaufhaltsam. Die wechselseitige

12. Buck to Renthe-Fink, 3.9.1941. Bundesarchiv, R 901, 67732.

Verflechtung der beiden Volkswirtschaften findet nur deshalb eine so vielseitige Ausformung, weil der dänische Wirtschaftler in realpolitischer Erkenntnis der Sachlage Wegbahner für die engere nachbarliche Zusammenarbeit geworden ist."[13]

Political claims of the business elite

Tracking down business networks, which are based on personal contacts, informal talks and meetings where minutes were never taken, is a thankless task, but also an important one. Just as the political elite of power is dependent on personal networks, so are business managers. The exchange of knowledge and ideas in this environment sometimes went even further than just sharing knowledge on strictly industrial and commercial issues, blurring the border between economics and politics. Industry had been closely interrelated with the political establishment for decades; the corporative traditions of Danish society were strengthened during the war years, as the coalition government of 1940 sought to put aside political differences, labour market organizations surrendered to the need for price and wage stability and trade organizations became increasingly involved in governmental regulation of the economy. Now, with democracy on the defensive and authoritarian systems of government gaining strength, ambitious business leaders demanded greater political influence.

Industry networks became political networks in the spring and summer of 1940, as business managers and civil engineers, in particular, began to meet in larger numbers in order to evaluate the military and political events of the time. The key issues were the German occupation and the alleged failure of the government to resist the invasion. The director of the construction company Højgaard & Schultz A/S, Knud Højgaard, an early admirer of Portugal's Salazar and a man of strong conservative and national opinions, made extensive use of his personal network when he established what was later to be known as the Højgaard Group. Meetings began in April, newspaper articles were published and contacts were established with the political decision makers. The primary goal was to get rid of the Socialist and Social-Liberal cabinet members, including Foreign Minister Munch and Prime Minister Stauning,

13. Dr. Walter Zimmermann/Nordische Gesellschaft (Hrsg.): *Deutschland und der Norden. Gemeinsame Wege zur Kontinentalwirtschaft*, Lübeck/Berlin 1941, p. 83.

and as a consequence, Munch was actually removed from his post in the government reshuffle in July. The next step was an attempt to abolish cabinet responsibility, if not democracy itself. In November 1940, Højgaard and the core group, among them the leading shipping manager A.P. Møller, director of Danish Shell, Percy Ipsen, and engineers Kampmann and Saxild of Kampsax A/S, approached the King, Christian X, suggesting the installment of a new cabinet of "politically independent men" with no responsibility to Parliament, appointed by him. Rejected by Christian X, the Højgaard Group gave up its political struggle. Not all of it had been in vain. Partly due to the efforts of the Højgaard Group and the conservative party, the new cabinet of July 8, 1940 included three ministers with no direct party affiliation, among them Gunnar Larsen, engineer and director of the Danish cement monopoly, the F.L. Smidth corporation.

The Højgaard Group was first and foremost a Copenhagen phenomenon. Its counterpart in the provinces, politically active in the same period and with the same objective, was the so called "Haustrup" or "Denmark Group", consisting of a large number of landowners, academics and members of the national conservative business establishment (among them the directors of Frichs (Aarhus) and Scandia (Randers), two of the country's largest industrial firms.

Højgaard was also a prominent member of the so called *Eastern Committee of the Danish Ministry of Foreign Affairs*, providing an example of another kind of network, where, however unsuccessful in the long run, political adaptation was combined with economic interest. The project consisted in the mobilization of Danish industry for a participation in the economic exploitation of the German occupied territories of the Soviet Union; a project the German authorities named *der europäische Osteinsatz*. In cooperation with the German Minister for the Occupied Eastern Territories, Alfred Rosenberg, a weak competitor in the Nazi polycracy, the Danish committee under the chairmanship of Thorkil Juncker, director of Århus Oil Factory, moved to reestablish Danish industry in the East. The opposition of the Auswärtiges Amt soon put an end to the Danish adventure; however, a Latvian subsidiary of Juncker's company and a cement plant in Estonia, Port Kunda Cement, were actually returned to their former owners, the Århus Oil Factory and the F.L. Smidth & Co., still under informal direction of the Minister of Public Works, Gunnar Larsen. In 1943-44, Port Kunda Cement was operated in part by forced Jewish and gypsy labourers, a fact which was revealed in 1997. After its disclosure, the F.L. Smidth & Co., in a virtual display of *Vergangenheitsbewältigung*[14] gave up its claim for compensation from the government of Estonia. A company fund has until now paid twelve surviving prisoners. Also Højgaard & Schultz A/S set up a fund in order to find and compensate survivors from the company's construction of roads and dikes in Serbia and the Polish *Generalgouvernement* during the war. Those works had been conducted in cooperation with two other big Danish construction companies, Kampsax A/S and A/S Wright, Thomsen & Kier.[15]

The Danish *Osteinsatz* shows the political significance of business networks and how far parts of the Danish political and economic establishment were willing to go in collaborating with the German authorities in a gray zone of mixed political and economic interests.

Conclusion

Despite acts of sabotage and a few allied bombings, Danish industry as a whole could maneuver quite safely through the war and occupation. After the war, it was soon able to catch up with international technological development and productivity was back at a normal, pre-war level by 1946. If considered as a strategy for survival, business networks, like the ones dealt with here, were able to influence political life, to a certain extent, and furthermore, to support each other by exchanging knowledge and gathering information from abroad. After the war, the Study Group of 1940 even claimed that it had been able, through Swiss and Swedish sources, to obtain information about the Keynes and White economic plans. The workings and effects of the networks are still an object for further research.

As in parliament and in the trade unions, in order to move on and get everything back to normal, industry had to make a few personal sacrifices. The resistance interned the once so powerful leader of the Danish cement industry, Minister of Public Works Gunnar Larsen, who then stood trial for his dealings with the Germans. Acquitted in 1948, he left the country. The president and the vice-president of the Danish Employer's Association had to

14. "The handling of a difficult past"
15. See Joachim Lund: 'Den danske østindsats 1941-43. Østrumudvalget i den politiske og økonomiske kollaboration', in: *Historisk Tidsskrift* 95/1, 1995, pp. 35-74; Lund: 'F.L. Smidth & Co. og spørgsmålet om den gamle, konsekvente linie'. *Arbejderhistorie* 4, 2001, pp. 94-120 (both with a summary in English); Lund: 'Denmark and the "European New Order", 1940-1942', *Contemporary European History* 13 (2004) 3, pp. 305-21.

take responsibility for the fact that the Association had condemned the industrial sabotage and opposed the general strikes of 1944. They were both forced to resign. Likewise, director F.C. Boldsen of Københavns Almindelige Boligselskab, resigned because of his anti-democratic statements made before and during the war. Furthermore, under the laws from the summer of 1945, directed towards business people who had capitalized on the occupation, just over 1000 leaders of industry were convicted of having been too eager in obtaining German orders.

The few leading businessmen who were sacrificed proved a sufficient indulgence. Further questioning of industry's politics of adaptation from 1940-1945 was avoided, and everything returned to normal. The problems persecuting Danish industry after the war had little to do with the problem of how industry survived the war years through collaborating with an occupying power. Rather, the well-known difficulties with import regulations and raw materials supplies were put in the foreground, moving focus away from the unpleasant political realities of the occupation. This refocusing is exactly what took place in the literature of the post-war years, referred to in the introduction of this paper; it converted moral and political issues into technical problems. The significant part industry played in the Danish policy of collaboration from1940-1945 was efficiently forgotten.

Swedish Adaptation to German Domination in The Second World War

Martin Fritz

Introduction

Research on the economic relations between Sweden and Germany during the Second World War was very lively in Sweden in the 1970s and early 1980s. It was mostly concerned with Sweden's – in fact very successful – ambitions to take care of national supplies, i.e. the food supply for the Swedish population and raw materials for the maintenance of Swedish industry. Certain studies were directed towards important key problems such as the iron ore and ball bearing exports, the coal and coke imports and the creation of a modern arms industry in Sweden.[1]

The objective of these studies was establishing the factual development – *wie es eigentlich gewesen*. Like many other books from this time concerning Swedish foreign policy during the war, they emphasized the perspective of "small state realism", i.e. Sweden's own demands were put in the forefront; the Swedish government was only responsible and accountable to the Swedish population.[2] Also the Swedish neutrality policy with reference to

1. Fritz, Martin, *German steel and Swedish iron ore 1939-1945* (1974). Meddelanden från Ekonomisk-historiska institutionen vid Göteborgs universitet, 29, Göteborg. Fritz, Martin (1975). Swedish Ball Bearings and the German War Economy, *Scandinavian Economic History Review*, 23. Olsson, Sven-Olof (1975). *German Coal and Swedish Fuel, 1939-1945*, Meddelanden från Ekonomisk-historiska institutionen vid Göteborgs universitet, 36, Göteborg, Olsson, Ulf (1977). *The Creation of a Modern Arms Industry: Sweden 1939-1974*, Meddelanden från Ekonomisk-historiska institutionen vid Göteborgs universitet, 37, Göteborg. The Adaptable Nation. Essays in Swedish Economy during the Second World War (1982). Meddelanden från Ekonomisk-historiska institutionen vid Göteborgs universitet, 50, Göteborg. For a general overview: Fritz, Martin (1984) A Question of Practical Politics. Economic Neutrality during the Second World War, *Revue internationale d'histoire militaire*, 57.
2. Carlgren, Wilhelm M. (1973). *Svensk utrikespolitik 1939-1945*, Stockholm, Allmänna Förlaget. Johansson, Alf W. (1985). *Per Albin och kriget: Samlingsregeringen och utrikespolitiken under andra världskriget*. Stockholm, Tiden. An older but still very useful book is Hägglöf, Gunnar (1958). *Svensk krigshandelspolitik under andra världskriget*, Stockholm, Norstedt.

foreign trade was formulated in accordance with these principles – all in sharp contrast to the attitude during the First World War, which, in the Swedish case, ended in the shortage of foodstuffs and violent inflation. According to this changed opinion, trade policy issues could not be regarded as being based on international law. In order to supply its own population's essential needs, a neutral country was entitled to control its exports in a way that affected the belligerent parties unequally. The Swedish minister for foreign affairs also claimed that since the belligerent parties acted according to their own interests when regulating trade, a neutral state should be able to do the same; there was no reason to impose ethical requirements for any kind of balance in foreign trade. In Sweden, there was a strong general support for this policy, which was conducted by a coalition government composed of all political parties in the parliament (with the exception of the communists).

However, recent research on Sweden during the Second World War has given rise to ethical questions. Both government representatives and journalists speak about the necessity of "coming to terms" with the past. The meaning of this term can be discussed. No essential new facts have been presented regarding the factual development, but it has been questioned whether it was morally right to act as the Swedes did. One component is evidently to shed light on the contacts that existed between Sweden and Germany at every level: representatives of the government, political parties, organisations as well as companies and individuals. More to the point: how was it be possible that people in Sweden supported the trade with Germany during the war as this trade made an important contribution to the German economy and war efforts in a way that gave the German government greater opportunity to spread Nazi ideology and continue with the Holocaust? Could stopping exports to Germany have had a disastrous effect on the German war economy and subsequently shortened the war and saved lives?[3]

3. Most representative: Boethius, Maria-Pia (2001). *Heder och samvete: Sverige och andra världskriget*, Stockholm, Ordfront. See also Levine, Paul A. (1999). Swedish Neutrality in the Second World War: Tactical Success or Moral Compromise?, Wylie, Neville (ed.) *European Neutrals and Non-Belligerents during the Second World War*, 2002, Cambridge, Cambridge University Press.

Table 1. *Swedish trade with Germany in a long-term perspective.*

Year	Imports from Germany in % of total Swedish imports	Exports to Germany in % of total Swedish exports
1871-75	23	7
1891-95	33	13
1911	35	20
1921	26	11
1931	33	10
1941	54	43
1951	13	10
1961	22	16
1971	20	12
1981	17	12

Source: Sveriges Officiella Statistik: Handel

Long-term relations with Germany

Germany represents more than the Nazism of the war years. Germany is also a geographical area and a trade partner of great importance for Sweden. The following table shows the relative importance of Germany for Swedish foreign trade in a long-time perspective and demonstrates the continuity in German-Swedish interchange of commodities.

From the 1870s, Germany's importance as a trading partner increased. Germany overtook Britain as the primary country for exports, while Britain was still the principal importer of Swedish goods at the outbreak of the First World War.

Sweden declared its neutrality at the outbreak of the First World War. However, this neutrality was organised in such a way that many historians regard it as being pro-German. The government strictly applied the principles of international law in designing its trade policy. Accordingly, the Government opposed British demands for guarantees that British goods exported to Sweden would not be re-exported to Germany. Based on international law the Government considered that a neutral state was obliged to resist demands on the part of belligerent countries to control its trade, which, in practice, meant that it was no longer possible to import from Britain.

The strict application of the principles of international law had a negative effect on Sweden's ability to supply the needs of its population. When shortages of food and fuel occurred in the Swedish economy, the state attempted to regulate the market by setting up commissions and by strict rationing. State control can only be described as unsuccessful, however. The experiences of the First World War set marks for the future. In the inter-war years, restrictions on the freedom of international trade were introduced. Bilateral agreements became common. Bilateralism made it possible to use trade as a political tool to bind other countries, which coincided with the Nazi government's trade policy objectives. There is no doubt that Germany also endeavoured to compel Sweden into its sphere of interest.

The Nazi government's trade policy objective was to create a German "*Grosswirtschaftsraum*". Germany was to be in the centre and the states around the German *Reich* were to assume the role of being suppliers of raw materials and in some cases, also of industrial goods. Swedish exports to Germany also contained a greater proportion of raw material from 1934, which was primarily through increased deliveries of iron ore. This development also fit well into the German pattern of raw material supply.

The international regulation of foreign trade that took place in the inter-war years also forced the Swedish government to react by taking measures that conflicted with the Government's explicit desire for free trade and low tariffs. Sweden concluded a clearing agreement with Germany in 1934 and with Italy in 1935. Trade and foreign exchange movements were controlled, import and export prohibitions were introduced, and licences had to be applied for foreign trade. Organisations, such as clearing offices and clearing boards were created to settle payments. The state became far more involved in foreign trade in Sweden than previously.

Another feature of interest is the competition between Great Britain and Germany for the Swedish market during the period between the wars. These problems have been examined in several studies.[4] In the later part of the 1930s Germany was Sweden's principal trading partner with a constant share of about 20% of the turnover. This trade can be characterised as Swedish exports dominated by raw material and semi-manufactured goods (iron ore, butter, some iron and steel products), while the German exports consisted to

4. Wittmann, Klaus (1978). *Schwedens Wirtschaftsbeziehungen zum Dritten Reich 1933-1945*, Munich, R Oldenburg Verlag. Schröter, Harm (1983). *Aussenpolitik und Wirtschaftsinteresse. Skandinavien in aussenwirtschaftlichen Kalkül Deutschlands und Grossbritanniens 1918-1939*, Frankfurt, Lang. Nilson, Bengt (1983). *Handelspolitik under skärpt konkurrens England och Sverige 1929-1939*, Lund, Bibliotheca Historica Lundensis LVIII Lund, Studentlitteratur.

a greater extent of more refined products (steel and engineering products). In 1938 for Germany, the trade with Sweden corresponded to 4,8 % of total imports and 5,1% of total exports.[5]

The outbreak of war and the Skagerrak blockade

The outbreak of war in September 1939 did not result in any serious interruption in the positive economic cycle for Swedish foreign trade. In particular, trade with Germany increased during the first seven months of the war. From the very beginning of the war, the Swedish government took immediate and full responsibility for the trade policy, which was in contrast to the conditions during the First World War.

The first real recession for Swedish foreign trade did not occur until 9 April 1940, when German forces invaded Denmark and Norway and the so called Skagerrak blockade, a German mine barrage between Danish Skagen and Norwegian Lindesnes, was established. In this way, the Germans severed Sweden's trade with the western nations and, above all, Great Britain. Before September 1939, this trade had accounted for 70 % of the total Swedish trade. Thereafter it fell rapidly. Thus, on April 9, 1940, a new era of trade policy began.

But the Skagerrak blockade did not function as a total blockade. After permission from both the belligerent sides it was possible to pass through the blockade. This service was named "The Gothenburg traffic".[6] Certain important goods could reach Sweden, goods which were unobtainable inside the blockade, which included above all mineral oil for defence purposes, some foodstuffs and other items of psychological importance such as coffee and bananas. However, gaining permission depended on the number of incoming vessels corresponding to the number of outgoing vessels, thereby maintaining a balance of shipping. In total approximately 230 vessels passed the blockade from 1941 to 1945. Nonetheless, the granting of permission gave both the Germans and the British an excellent instrument to try to exercise control over the Swedish economy, but it was also exploited by the Great Powers for political purposes in order to gain different kinds of concessions from Sweden.

---

5. *Statistisches Handbuch von Deutschland 1928-1944* (1949), München.
6. Rockbereger, Nicolaus (1973), *Göteborgstrafiken; Svensk lejdtrafik under andra världskriget*, Stockholm, Allmänna Förlaget.

"The Gothenburg traffic" was, however, restricted in scope, and from 1940 Swedish foreign trade was almost entirely concentrated on the German-occupied European continent, which, until the autumn of 1944, when the Swedish authorities gradually discontinued the trade, accounted for about 90 % of Swedish exports and about 80 % of Swedish imports. Of course this dependence upon a single trading partner, a great power, politically and militarily superior, made it possible to exert some sort of control over the inferior country of Sweden.

Trade during the war years

One result of the Skagerrak blockade was that vital import markets were now denied access to Sweden, causing imminent and threatening shortages of certain fundamental products, which domestic production could only partly replace and not until the latter period of the war. Therefore, the continuation of trade with Germany and German dominated Europe was inevitable in order for Sweden to survive. Within practically every field, with the exception of oil and rubber, Germany was able, if willing, to meet Swedish requirements. The Swedish authorities were fully aware of these realities and endeavoured in every way to stimulate exports to Germany in order to satisfy Swedish wishes on the import side. Most important was the indispensable import of coal and coke for Swedish industry. Deliveries from Germany replaced former imports from Great Britain (78% of total coal imports from September 1939 to March 1940), in spite of the fact that coal was a product in short supply in Germany. Germany made important sacrifices in this regard. In theory, wood as a source of fuel could in many respects replace coal, but in practice this substitute was impossible to utilize. One ton of coal was equivalent to 6.5 cu.m. wood fuel. Neither supply of manpower, nor transport facilities in Sweden were sufficient to manage such enormous strains. Continued imports of coal and coke were absolutely necessary, both for Swedish industry and indirectly military preparedness.

Other imports of great significance from Germany were fertilizers, without which Swedish food supplies would have been gravely imperilled. Many of the imported chemicals, e.g. common salt, were essential raw materials for the Swedish chemical industry. The Swedish knitwear factories were extremely dependent on imported wool. Similarly the import of some metal processing machines was essential for the Swedish war material industry. Import of war material increased from 0,5% of total imports from Germany in 1936/38 to

6,9% in 1940.[7] Germany was the only supplier of war material, and Sweden, in contrast to Switzerland, did not export any war material to Germany.

Consequently, Swedish imports from Germany during the war were of the greatest importance to Swedish commerce and industry if they were to remain intact and be a basis for Swedish rearmament.

Shortly before the outbreak of war the German *Reichswirtschaftsministerium* produced a report pointing out the importance of continued foreign trade, above all with neutral countries, which could supply essential raw materials. Sweden is named as the first country in "*Ländergruppe I*".[8] Other internal German reports continued to draw attention to the importance of Sweden. Stress was placed on the desirability of keeping Swedish trade and industry going, partly through German exports to Sweden, and partly by permitting Swedish imports from other countries. In fact, Germany made essential economic sacrifices in order too keep its trade at a high level.

This German "goodwill" was of course occasioned by the fact that Sweden had possibilities to deliver essential goods for the German war economy. The traditional export of iron ore continued at the same level as before the war, export of wooden goods, and pulp and paper, which had earlier been directed principally to Great Britain, increased, as did the export of ball bearings.

Much has been said regarding the iron ore question, which was that Germany suffered during the war from a shortage of iron ore and that the Swedish supplies were decisive for Germany's war potential. Clarification of this issue must be added: there was never an acute shortage of iron ore in Germany. On the other hand it is important to note that Swedish iron ore was essential for Germany's steel industry. The utilization of Swedish iron ore, with its relatively high iron content in comparison to domestic and minette ores, made it possible to save both manpower as well as blast furnace capacity and coke. Using less coal and coke also meant less manpower was necessary in the mines and the need for transport capacity decreased, which was extremely important for the German economy during the war years because these two problems, shortage of labour and overburdened transport system, were the prevailing difficulty. This fact can explain Germany's willingness to deliver coal and coke to Sweden. Another advantage was that Sweden also could de-

7. Olsson, Ulf (1977).
8. Reichswirtscahftsministerium, Die Lage der deutschen Aussenhandels im gegenwärtigen Kriege, Aug. 1939, R7II:641, Bundesarchiv, Berlin.

liver some quantities of ore with low phosphorus content necessary for manufacturing superior qualities of steel.[9]

During the war, the Allies exaggerated the importance of Swedish deliveries of ball bearings for the German war material production. The share in quantitative terms of exports from Sweden in relation to total German consumption of ball bearings can be at approximately 10%. However, it should also be pointed out that there were sometimes shortages of certain special types of ball bearings and that Swedish deliveries did exactly contain these specific bearings for tanks and fighters.[10]

In summary, there was an obvious advantage for both Germany and Sweden to expand their traditional trade during the war. Germany was, for obvious reasons, isolated from a number of earlier trading partners, and imports from Sweden was a fairly smooth and easy way to obtain important goods. To Sweden, increased imports from Germany were regarded as necessary after the Skagerrak blockade until sufficient stores had been amassed in late 1944.

The formal control of Swedish-German trade during the war

As noted above, before the outbreak of war, in fact from 1934, Swedish-German trade was controlled by means of the so called clearing, which meant that Swedish importers of German goods would deposit money in a bank account in Stockholm, from which payment was also made to Swedish exporters to Germany. The system of clearing accounts in Berlin and Stockholm was maintained throughout the war years.

Increased governmental intervention in foreign trade had characterized international trade during the 1930s, but at the outbreak of war the Swedish government immediately assumed responsibility for the nation's foreign trade. The possibilities for private firms to act independently were limited. Instead, in practise it was the Trade Department of the Swedish Ministry of Foreign Affairs that negotiated quantities of goods, questions of price, etc. On the other hand, experts and heads of firms in private enterprise, who, by virtue of their connections and special knowledge, came to play a decisive part in the negotiations, assisted the Department's officials. The small nation

9. These questions have been dealt with carefully in Fritz, Martin (1974).
10. Fritz, Martin (1975).

had a limited choice of persons with high qualifications to engage in these matters.[11]

Before every new calendar year the German and Swedish trade delegations met to reach an agreement on the exchange of goods the following year. The scope, direction, and prices were discussed based on previously drawn up "lists of desiderata", and after that, it was necessary to seek compromises in order to obtain an agreement. Furthermore, the German's negotiations and day-to-day work were the concern of a special commercial-political committee.

In effect from January 1940, another important factor the so-called price-scale, which implied a fixed relationship between the Swedish iron ore on the one hand, and the German export commodities coal and coke as well as ordinary iron on the other came into being. This agreement was intended to keep prices down and was regarded on the Swedish side as being of the greatest importance to the stabilization of the general price level in Sweden.

The documents from the meetings of the government commissions testify very convincingly the high degree to which the negotiators gave absolute priority to their own country's imports, whereas the regards for exports were secondary and necessary only to pay for imports. In principle, two equal nations met for talks; in reality the prevailing economic, political end military positions of strength determined the results of the negotiations.

Another complication was the interest of the Allies to regulate Swedish trade with Germany. In the beginning of the war, the ambition was to restrict Swedish exports to "normal quantities," meaning that exports should not exceed the levels of 1936/38. In the last years of the war, demands on Sweden were primarily to reduce its exports of iron ore and ball bearings to Germany. These demands meant that the Swedish government had to conduct parallel and complicated negotiations with Germany and Great Britain (as well as the US in the later stages) concerning the scale and structure of foreign trade with Germany.

Control or exertion of influence?

The conclusion is that it is difficult to use the word "control" regarding the German side of Swedish trade and industry during the Second World War. Rather it was a question of influence or power over Swedish economic life during the first war years, but from 1943, the advantages in the actual power

11. Hägglöf, Gunnar (1958).

balance shifted to the Swedish side, which the trend of prices in Sweden well illustrates. As a consequence of the German superiority during the first war years there were strong increases in the prices of German products, but from 1943, the Swedish negotiators pushed the question of a price freeze very successfully and the export and import prices developed in a similar way.

Another aspect of this *Machtpolitik* was the matter of the Swedish trade credits, which were granted taking effect from the autumn of 1941. Due to the efforts on the Eastern Front, the German deliveries of coal and coke had been reduced, which led to a marked German adverse balance in the clearing. The Germans declared it should be handled through credits from Swedish firms rather than reducing Swedish deliveries. In this context the Germans referred to corresponding credits granted by other countries, e.g. Denmark, Norway and Switzerland. The Swedish government found it difficult to refuse and used pressure on the firms. At the turn of the year 1942-43 the total credit can be assessed at SEK 200 mill, which amounted to 38% of the total exports to Germany in 1943.

Based on the altered situation with regard to foreign politics in 1942 the Swedish attitude to renewed credits for 1943 became highly restrictive. However, Sweden did far better than Switzerland with regard both to prices and to credit.

A possible German, but also Allied, *Lock- und Druckmittel* against Sweden was of course the Skagerrak Blockade The real nature of the Gothenburg Traffic with double permission invited to bring pressure from both belligerents on the Swedish negotiators. The traffic was also terminated three times for longer periods, first in 1941 then twice in 1943. In 1941, the restoration of traffic was connected to the transit through Sweden of the *Engelbrechtdivision.* In 1943, Swedish concessions to the Allies caused the stops, but after some time the Germans had to allow the reopening of the traffic.

From 1943, one can observe an adaptation from the Swedish side to demands from Great Britain and ever-stronger pressure from the US, when exports to Germany of iron ore and ball bearings were reduced in comparison with deliveries during earlier years, but also in relation to settled agreements. In the same way, that Germany, during the first half of the war, used its political, economic and military power to bring pressure on Sweden, the Allies used their power in relation to Sweden from 1943 to the end of the war.

In this article, in dealing with the Swedish economy during the first years of the Second World War, the conception of 'German exertion of influence' has been used instead of 'German control'. The inferior position of Sweden gave Germany excellent possibilities to take a firm grasp of the Swedish economy, just as the Allies did in the last period of the war. However, the relative independence of Sweden in regards to Germany was, of course, greater than that of Norway and Denmark. Also neutral Switzerland was forced into greater economic concessions than Sweden. It has also been stressed that Germany was compelled to make important economic concessions in the trade negotiations with Sweden. After all, as a result both of pragmatism and opportunism, Sweden maintained a certain degree of liberty from German control.

Germany and the Greek Armaments Industry: Policy Goals and Business Opportunities

Mogens Pelt

Germany's occupation of Greece in April and May 1941 can be considered an *ad hoc* response to the uneasy situation created on the south-eastern flank of German dominated Europe, which the stalemate in the Greek-Italian War of 1940-41 generated. Likewise, the German policy towards Greece during the Axis occupation of that country appears primarily to have been the result of a number of *ad hoc* responses to situations as they occurred. Hitler did not have any strategic plans for Greece before Mussolini's attack on Greece in October 1940 and Italy's assault was the result of Italian plans that cut across Germany's policy with regard to the Balkans, which was based on the maxim 'Ruhe im Balkan'. If one wants to understand Germany's long-term plans and intentions with regard to Greece, one must analyse Germany's policy before the Italian assault. This is also true regarding the paradigmatic nature of the planning and actions by German business in relation to Greece.

The Inter-war Economy of Greece and Greek-German Trade

The international economic position of Greece changed radically after the end of the First World War. In the wake of the collapse of the Ottoman Empire, the Port of Athens, Piraeus, became an important *entrepôt* between Europe and the Middle East taking over the role of harbours like Izmir, Mersin etc. Furthermore, the influx of more than one million Ottoman Greeks moved business acumen in the Near and Middle East from the Ottoman centres of trade and industry to Greece.[1] It is not an exaggeration to say that this relocation resulted in the structures commercially connecting Europe and the Orient being shifted from Anatolia to the Greek nation state, which also connected Greek business with a number of new trade networks. In relation to

1. Pelt, Mogens (1998), *Tobacco, Arms and Politics: Greece and Germany from World Crisis to World War 1929-41*, Copenhagen, Museum Tusculanum Press, p. 25.

Greek-German relations this development is noteworthy, in particular, because before the First World War German business connections with the Ottoman Empire were strong, while German-Greek business relations were few and held an inferior place compared to those with the *Sublime Porte*.[2] One should also note that the expansion of German business in the Ottoman Empire, to a large extent, was dependent on networks the Christian minorities established, in particular, the Greek Orthodox Community.[3] Finally, it is important to stress that the method of trade must be seen as a response to business conditions in which relations of personal protection and individual connections often played a more significant role than regard for considerations commercial law dictated.

The Great Depression 1929-32 enhanced the role of the Greek state in business while the signing of a Greek-German clearing agreement in 1932 increased the overall role of Germany in the Greek economy. Here the role of the German market for the tobacco export was particularly important, a feature which was to last during the remainder of the 1930s. The launching of the German *Neuer Plan* in 1934 furthered this trend of increased German importance for the Greek economy.[4]

In addition to clearing, specifically expertise and cartel agreements promoted markets' expansions in Greece for German industry.[5] Furthermore, during the latter part of the 1930s Berlin also attempted by means of political pressure to force the Greek Government to modify Greek economic development in accordance with the international division-of-labour aspects of the *Großwirtschaftsraum*-thinking: Greece should renounce industrialization in areas, where German industry had a strong capacity. After the national German Steel Cartel and *Wirtschaftsgruppe Eisenschaffende Industrie*, the interest organization of the German iron producing industry, had several failed attempts to prevent the development of a national iron and steel industry based

---

2. Cf. Fischer, Fritz, (1969). *Krieg der Illusionen: Die deutsche Politik von 1911 bis 1914*, Düsseldorf, Droste Verlag. Trumpener, Ulrich (1968), *Germany and the Ottoman Empire 1914-1918*, Princeton, Princeton University Press. Loulos, Konstantin (1986), *Die deutsche Griechenlandspolitik von der Jahrhundertwende bis zum Ausbruch der Ersten Weltkrieges*, Frankfurt am Main, Bern, New York, Peter Lang. The *Sublime Porte* was diplomacy's reference to the Ottoman Empire.
3. Loulos (1986), pp. 170-1; pp. 252ff.
4. Pelt, Mogens (1994) 'Germany and the Economic Dimension of the Metaxas Regime', *Journal of the Hellenic Diaspora*, Vol. 20, 2.
5. Pelt (1998), pp. 49-56.

on the exploitation of scrap metals, Berlin came to the conclusion that retaliatory measures in the field of pricing had no effect on the Greek government because of the high political priority it placed on the development of such an industry. This Greek attitude must be ascribed to the fact that the Great Depression had made the enhancement of import substitution production a high priority in Greek economic policy.[6]

Just before the outbreak of war in 1939, the German cotton industry under the leadership of the firm BREBAG launched a plan to expand and exploit Greece's cotton-growing potential to meet German needs. This plan was, in many important aspects, similar to IG Farben's engagement in Romania and Bulgaria to increase the production of soybeans to satisfy German demand.[7] However, due to the outbreak of war the BREBAG plan never became subject to serious discussions with the Greek government.

While it turned out to be impossible to prevent state-supported "Hellenic business egoism" as the German Minister to Greece, Prinz Victor von Erbach-Schönberg, labelled the Greek desire for industrialization,[8] German industry was far more successful with Max Ilgner's, the President of IG Farben, strategy; the so-called "*Exportsteigerung durch Einschaltung in die Industrialisierung der Welt*". According to Ilgner, the markets in Eastern Europe and the Near East, i.e. in underdeveloped areas where modern economic and technological development was in its initial phase offered the best opportunities for German industry.[9]

Ilgner's concept can be seen as an extension of, or as a supplement to, the ideas of a *Großwirtschaftsraum.* It constituted an extension in the sense that Ilgner stressed complementary economic relations between Germany and the periphery as being beneficial to German interests. However, contrary to the concept of *Großwirtschaftsraum*, Ilgner emphasized the industrialization of the periphery as an important stimulus to German export. Ilgner presented his concept in 1937 in a report, "*Die Exportförderung im Rahmen der Vier-*

6. Pelt (1998), pp. 126-30.
7. Anlage 4, Exposé über die Förderung des Baumwollanbaus im Königreich Griechenland, Politisches Archiv des Auswärtigen Amtes (PA/AA), Handakten Wiehl, Griechenland Bd. 2.
8. Athens, 7 July 1937, unsere Wirtschaftspolitik gegenüber Griechenland. Eilt, Geheim, PA/AA, Ha.Pol IVa Handel 11.
9. Bad Kirsingen 15 April 1937, Max Ilgner to Schacht, Bundesarchiv Koblenz (BAK), R7/3441.

jahresplan", which was based on ideas he had previously discussed with Schacht and Hermann Göring.[10] Here a point should be noted: Bernd-Jürgen Wendt has indicated that "*Exportsteigerung durch Einschaltung in die Industrialisierung der Welt*" also offered a way to move production from Germany to other countries. This transfer would relieve the pressure on the German labour market and the capacity of the armament industry, which in 1937 was strained to the breaking point.[11] Therefore, a discussion of relations between Greek and German armaments industry is relevant.

German Penetration of the Greek Armament Industry

The Abyssinian Crisis in October 1935 unleashed a state of frenetic panic in the Greek Armed Forces, as it highlighted the fact that Greece was not prepared for modern warfare and could not defend itself against weapons that had been developed since the First World War, including tanks, aircraft, and gas. This deficiency sparked off a series of initiatives to redress this state of affairs and to reorganize and modernize the Greek Armed Forces. In October 1935, the Greek general staff established a so-called "Special Office for Civil Mobilization" to study and organize industrial mobilization. A memorandum dated 12 May 1936 that the so-called 6th Office of the General Staff, which was in charge of economic mobilization, presented stressed that the most important missions of the General Staff were to be accomplished in the factories and in the chemical laboratories. For this reason the memorandum strongly recommended that Greek industry be organized, as far as possible, with the intention of national defence and self sufficiency. The organization and development of the war industry had to be linked to an overall industrial policy. Furthermore, the memorandum stated that production of arms and munitions required specific initiatives, which had not previously been connected to a general industrial policy, occurring possibly through already existing private enterprises' specialization. The financial basis was to be established through long-term credits and regular orders.[12] Thus, the 6th Office recommended a

10. Ibid.
11. Wendt, Bernd-Jürgen (1981), 'Südosteuropa in der nationalsozialistischen Grossraumwirtschaft: Eine Antwort auf Alan S. Milward', Gerhard Hirschfeld and Lothar Kettenacker, (eds), *'Der Führerstaat' Mythos und Realität: Studien zur Struktur und Politik des Dritten Reiches*, Stuttgart, Clett-Kotta, pp. 423-4.
12. 12 May 1936, confidential memo to the leaders of the General Staff concerned with the organization of Greece's war industry, Metaxas Archive, fak. 97.

development of the Greek economy that was planned to meet the requirement of forced rearmament.

In this development, the Greek Powder and Cartridge Company came to play a dominating role. Prodromos Bodosakis-Athanasiadis, a former Ottoman Greek subject with strong relations to German business based on their cooperation during the First World War, owned the firm. During the Great War Bodosakis served as the main supplier to the Ottoman armies at fronts in Mesopotamia and Palestine and the units working on the Berlin-Baghdad railway. Here Bodosakis became acquainted with Otto Limann von Sanders, the head of the German military mission to the Ottoman Empire entrusted with the task of reorganising the Ottoman army, and with representatives from Deutsche Bank and the German building and development company, Philipp Holzmann.[13]

Between 1935 and 1939, the Greek Powder and Cartridge Company expanded significantly. Its work force rose from 600 in 1936 to 10,000 employees in 1937 and 12,000 people by 1939. According to American estimates, it was the biggest and most modern munitions plant in south-eastern Europe and the Near East.[14] A comparison between the output of the company in 1936 and 1939 reveals a considerable expansion of its productive strength. Thus, daily production of cartridges for light weapons rose from 0.16 million in 1936 to 1.2 million in 1939/40.[15] In comparison Italy's production of cartridges in 1940 was 1.2 billion p.a., or 3.2 million per day.[16] According to British military staff assessments, the quality of the factory's products was high.[17] The Germans reached the same conclusion.[18]

13. On Bodosakis, see Pelt (1994), 'Bodosakis-Athanasiadis, a Greek Businessman from the East: A Case Study of the Interrelationship between State and Business', in: Lars Erslev Andersen (ed.) *Middle East Studies in Denmark*, Odense, Odense Universitetsforlag.

14. Hill, Henry, A. (no year). *The Economy of Greece: Prepared for the Coordinating Committee of American Agencies in Greece* Vol. II, New York, pp. 28-31.

15. 12 May 1936, memo on the organization of Greece's war industry, Metaxas Archive and Hill, Vol. II, pp. 28-31.

16. Raspin, Angela. (1975). Friedrich Forstmeier and Hans-Erich Volkmann (eds) *Wirtschaft und Rüstung am Vorabend des Zweiten Weltkrieges*, Düsseldorf, Droste Verlag, pp.202-21.

17. 6 January 1940, Lt. Col. Sir Thomson Moore M.P. to Lord Halifax, PRO, FO 371-24914 R 441/441/19.

18. 5 May 1941, WiRü Amt Vortragsnotiz für der Herrn Reichsmarschall, Geheime Kommandosache, Sicherung deutcher Wirtschaftsinteressen in Griechenland, Bundesarchiv Militärarchiv Freiburg (BA-MA), WI/IC1. 10.

The enterprise also expanded vertically taking over a number of leading Greek industries.[19] By the end of the 1930s, the Powder and Cartridge Company constituted the most important source of investments for the National Bank of Greece, the largest financial institution in the country. In 1939 the Bank's investments in the Powder and Cartridge Company amounted to 1.2 billion Dr., or 23.45 percent of its total investments in industry.[20]

The expansion of the Greek Powder and Cartridge Company was based on close cooperation with German business and began immediately after Bodosakis took over the firm in 1934, when he made an agreement with the German explosives company, the Köln-Rottweil Powder Factory (controlled by IG Farben through a cartel agreement). Consequently, the value of Greek ammunition production increased from 8.3 million *Reichsmark* (RM) (332 million Dr.) in 1935 to 35.4 million RM (1.42 billion Dr.).[21] These are extremely high figures. In 1936 the production value of Greece's most important industry was: textiles 3.3 billion Dr., chemicals 2.1 billion Dr., foodstuffs

---

19. Greek Wool Factory (Elliniki Eriurigia), the National Rubber Factory (the latter would provide rubber for the Greek Gas Mask Factory, Anonimos Elliniki Eteria Kataskevis Antiasfiksiogonon Prosopidon, EKAP). In the same period the Powder and Cartridge Company took over Ateliers & Chantiers Helleniques Bassiliades S.A. (until 1939 the only shipyard in Greece able to produce steel ships, machines and marine boilers) and the Greek Wine and Liquor Company. The latter was the second largest company in Greece; its production included carbon disulphide, aiming to make Greece self-sufficient in this commodity. Die Chemiewirtschaft Griechenlands und wichtige Unternehmen der chemischen Industrie, Vowi 4204, Zentrales Staatsarchiv Potsdam (Zsta Potsdam), 80 IG Farben/IG Farben/A 421. Moreover, Bodosakis controlled a sister company to the Wine and Liquor Company in Cyprus. This company had an important export market in the Middle East, where Egypt, in particular, was of interest because her payments were settled in hard currency. In addition, it took over Greece's leading and most modern chemical enterprise, the Chemical Products and Fertilizer Company Ltd. (Anonimos Eteria Chimikon Proiondon ke Lipasmaton). According to a report from IG Farben, the Chemical Products and Fertilizer Company Ltd. was the most important chemical enterprise, not only in Greece, but also in the whole of southeastern Europe and the eastern Mediterranean. 11 September 1939, IG Farben VoWi 3632 Griechenland, Kurze Übersicht über Wirtschaft und Politik, BA-MA, RW 19 Anhang 1/916.
20. Drista, Margarita (1990). *Viomichania ke trapezes stin Ellada tou mesopolemou* (Industry and Banks in Inter-war Greece), Athens, Morfotiko Idrima Ethnikis Trapezis, p. 282. Drista relies on documents from the National Bank of Greece.
21. *Ikonomikos Tachidromos* no. 992, 26 April 1973, p. 67. Hexner, Ervin (1945). *International Cartels*, Chapel Hill, N.C. Wirtschaftsnachrichten Nr. 32, 12 August 1938. Die Chemiewirtschaft Griechenlands, ZStA, 80IG/IG Farben 512.

1.9 billion Dr.[22] This trend increased after Bodosakis, on 19 September 1935, concluded a so-called friendship agreement with the German armaments company Rheinmetall-Borsig.[23] The company had played an important part in the international arms trade since the early 1930s because of deliveries to China. Moreover, Rheinmetall-Borsig occupied a leading position during the Spanish Civil War because of deliveries to the export monopoly ROWAK.[24] Accordingly, Rheinmetall-Borsig became a part of Göring's parastate apparatus. The company's affiliation to Göring's complex was strengthened even further in June 1938, when Reichswerke Hermann Göring purchased the majority holding in Rheinmetall-Borsig from Vereinigte Industrieunternehmungen AG (VIAG).[25] During the Second World War Rheinmetall-Borsig played a significant role in the rearmament of Germany's armed forces: while Krupp delivered heavy artillery, Rheinmetall-Borsig delivered light artillery.[26]

In a strictly confidential letter dated 8 April 1937 from Rheinmetall-Borsig to the German export control agency, Überwachungsstelle für Eisen und Stahl the company outlined its role in relation to the Greek Powder and Cartridge Company. With technical expertise and the delivery of machinery, Rheinmetall-Borsig controlled the technical organization of production and the development of production facilities, which enabled the factory, technically, to supply most of the calibres used in the Greek army. Rheinmetall-Borsig saw this control as a significant step forward for German interests because it would ensure continuous orders for the German engineering industry.[27] Moreover, the German company saw prospects of additional orders being placed for German war equipment; in October 1937, the Greek company purchased the licence to produce 20 mm and 37 mm anti-aircraft grenades at Rheinmetall-Borsig. These were used for Rheinmetall-Borsig's anti-aircraft and anti-tank guns, which, along with Krupp 88 mm, constituted the backbone of this section of the Greek artillery. Göring approved the licence and insisted that the

22. Ibid.
23. Rheinmetall-Borsig to Überwachungsstelle für Eisen und Stahl, WIII SE 3414 29 April 1937, PA/AA, Ha.Pol.IVa Handel 11-1 Bd.2, Allgemeinen Ein- und Aus und durchfür.
24. Annual Report of Rheinmetall-Borsig, 1939, IWM, Speer Documents, FD 783/46.
25. *50 Jahre Rheinmetall-Borsig*, 1889-1939, p. 75.
26. Lucerne, 11 March 1948, Pabst to Krupp's defence attorney, BA-MA, N 620/48, Nachlass Pabst.
27. Rheinmetall-Borsig to Überwachungsstelle für Eisen und Stahl, W III SE 3414 29 April 1937, PA/AA, Ha.Pol.IVa Handel 11-1 Bd. 2, Allgemeinen Ein- und Aus und durchfür.

full price be paid in hard currency.[28] Between 1935 and 1939 the Greek Powder and Cartridge Company became Germany's most important private customer in Greece, with purchases totalling between 45-55 million RM.[29] Rheinmetall-Borsig noted that the Greek dictator Ioannis Metaxas was well disposed towards Germany and that he had also asked the company to provide the Powder and Cartridge Company with technical assistance and expertise in the future to ensure Greece's self-sufficiency within ammunition production.[30]

The Political Aspects of Germany's Penetration of Greek Armament Industry

Metaxas had a reputation of being pro-German. He was closely connected with the late King Constantine, who attempted to keep Greece from joining the Entente Powers during the First World War. This situation caused a serious rift with his pro-Western Prime Minister, Eleftherios Venizelos, and marred Greek politics in the following two decades; after the Entente powers intervened in 1917, Greece entered the war and emerged victorious under the leadership of Venizelos, while the Monarchy was abolished in 1924. In the following decade, Venizelist dominance increased in the state and with the army until the anti-Venizelists gained power in parliament in 1933.[31] On 24 October 1934, Außenpolitisches Amt der NSDAP (APA) declared that for long-term German interests in Greece it was important to avoid a return to power of the Venizelists and for that reason it recommended cautious German support of the Royalists.[32] The Royalist breakthrough occurred in March

28. Berlin, 11 March 1938, strictly confidential, from Rheinmetall-Borsig to Oberkommando der Wehrmacht, Imperial War Museum, (IWM), Speer Documents, FD 790/46.
29. Athens, 31 March 1939, German Legation to AA, W III 2652/39, PA/AA, Ha.Pol.Iva Handel 24 Nr. 6, Auskünfte über Ruf und Leistungsfähigkeiten von Firmen in Ausland, Griechenland. 5 May 1941, WiRü Amt Vortragsnotiz für den Herrn Reichsmarschall, Geheime Kommandosache, Sicherung deutscher Wirtschaftsinteressen in Griechenland, BA-MA, WI/IC1. 10.
30. Sophia, 9 October 1937, confidential Aktennotiz, Rheinmetall-Borsig, IWM, Speer Documents, FD 790/46.
31. Pelt, Mogens (2001), 'The Establishment and Development of the Metaxas Dictatorship in the Context of Fascism and Nazism, 1936-41', in: Gert Sørensen and Robert Mallet (eds), *International Fascism 1919-45*, London, Frank Cass.
32. On 24 October 1934, Abteilung Süd-Ost in Aussenpolitischen Amtes der NSDAP (APA). Wolfgang Schumann and Ludwig Nestler, (eds) (1975). *Weltherrschaft im Visier. Dokumente zu den Europa- und Weltherrschaftsplanen des deutschen Imperialismus von der Jahrhundertwende bis Mai 1945*, Berlin, p. 238.

1935 when Venizelist officers were purged from the Army, which opened the way for the restoration of the Monarchy in October the same year. This development apparently made Metaxas sense that his moment had come; in May 1935, he made contact with Berlin via a middleman in order to let the German government know that he was interested in economic and political support from Germany in order to build a strong army and to loosen France's grip on Greece should he come to power.[33] It was at about the same time, according to Rheinmetall-Borsig's own account, that after years of fruitless attempts the German company finally managed to break the monopoly that the French armament firm Schneider-Creusot enjoyed in Greece. Its breakthrough in Greece and the subsequent consolidation of its position, according to Rheinmetall-Borsig's own assessment, was primarily due to internal political factors: the restoration of the Monarchy in 1935 and the establishment of the Metaxas dictatorship in 1936.[34] At the same time, Rheinmetall-Borsig felt that Metaxas's political fate was dependent on a good relationship between the Powder and Cartridge Company and the German firm. This estimation is corroborated by the fact that in 1937 the Greek King told the managing director of Rheinmetall-Borsig during an audience that the Greek defence would be left helpless without German deliveries of arms and, in particular, of semi-manufactures.[35] It is indicative of the importance that Metaxas placed on cooperation with the German armament industry that the Powder and Cartridge factory was ready, and obtained permission from the Greek government, to pay fifteen percent of the price of steel deliveries and fifty percent of the price of machinery and tools in hard currency. The latter (fifty percent) was considerably higher than the fifteen percent quota that the Greek government was otherwise willing to pay for arms purchased in Germany, which also held a very high priority in Metaxas's programme. Furthermore, as previously noted, the Powder and Cartridge Company paid 100 percent of the price in hard currency for Rheinmetall-Borsig patents.

In fact, the rearmament of Greece was a major, if not *the* major, interest in Metaxas' political programme. The magnitude of the rearmament programme made foreign assistance a *sine qua non*; neither France nor Britain was

---

33. Geneva 4 May 1935, PA/AA, Pol.Abt. II, Pol. 2, Balkan, 1089.
34. Rheinmetall-Borsig to Überwachungsstelle für Eisen und Stahl, W III SE 3414 29 April 1937, PA/AA, Ha.Pol.IVa Handel 11-1 Bd.2, Allgemeinen Ein- und Aus und durchfür.
35. Ibid.

ready to offer Greek credits while the Greek outstanding credits on the clearing account in Berlin and the turn-over of the tobacco trade with Germany provided a ready made financial source for the realization of the rearmament programme. At the same time, it should be emphasized that it was a matter of policy, and had been a long-term goal, for Metaxas to disconnect France from Greek military matters; he wanted Germany to provide Greece with war materials and expertise for its armament industry. Thus, Metaxas' dexterity in concluding armaments agreements with Germany apparently was one important reason for King George II to appoint Metaxas dictator in August 1936.[36] Berlin rated Metaxas highly; he was seen as guarantee against French influence in Greece, and through Athens' participation in the Balkan Entente, also against French influence in that alliance. Prior to the outbreak of the Second World War and until Italy's attack on Greece 28 October 1940, the German minister to Greece also saw Metaxas as the best guarantee for Greece staying neutral in the war.[37] In that sense, cooperation between Rheinmetall-Borsig and Bodosakis' industrial complex strengthened Metaxas internal position and also served German political interests in Greece. This point of view was explicitly stated by Rheinmetall-Borsig in January 1940; the delivery of German expertise and technology to the Powder and Cartridge Company was of "vital importance" to the Greek government and therefore of great significance for Greek-German relations overall.[38] The Auswärtiges Amt concurred stressing the importance of keeping good relations with Greece intact and not disturbing the friendly attitude of Metaxas towards Germany.[39]

Rheinmetall-Borsig's cooperation with the Powder and Cartridge Company was the first German encroachment on the French steel industry's position in southeastern Europe. Schneider-Creusot served as France's industrial spearhead in the area. The French firm controlled Skoda, the leading Czechoslovakian company within steel and armament production; by this means France also controlled the industry in both Romania and Yugoslavia.[40] In the second

36. Pelt (1998), pp. 133-51.
37. Athens, 8 October 1938, Erbach to AA, vertrauchlich, Politischer Bericht, ADAP, D, V, 233.
38. Berlin, 1 February 1940, Rheinmetall-Borsig to AA, PA/AA, Ha. Pol. Handel 12. Kriegsgerät Griechenland. Bd. 2.
39. Berlin, 28 February 1940, Abt. W to RAM, geheim zu W 1035 g/I, PA/AA, Ha. Pol. geheim, Kriegsgerät, Griechenland Bd. 2.
40. Teichova, Alice (1974). *An Economic Background to Munich: International Business and Czechoslovakia 1918-1938*, Cambridge, Cambridge University Press, pp. 200ff.

half of 1937, Rheinmetall-Borsig concluded that it had no stronghold in the world to compare with its position in Greece,[41] which must be explained by the fact that the French steel and armament industry still had a firm grip on the rest of south-eastern Europe, especially on Yugoslavia and Romania. It was not until their conquest of Central Europe in 1938 by *Anschluß* and by the Munich Agreement that Germany achieved a major breakthrough in these countries.[42] This situation, in turn, made the Metaxas regime a most important asset to German political and economic interests in that part of the world.

In the wake of *Anschluß* and the Munich Agreement in 1938, the credibility of France as a great power almost completely eroded overnight, while Vienna and Prague suddenly provided ready-made platforms for an invigorated and resurgent Germany to project its power into south-eastern Europe. Furthermore, this resurgence allowed Germany to rearrange south-eastern Europe in line with Berlin's plans for a new European Order, which, in turn, gave a boost to national self-assertion in the revisionist states, Bulgaria and Hungary. It also generated shock waves of national insecurity and internal instability in the status quo states, Greece, Romania and Yugoslavia; they all had made substantial national gains at the expense of the revisionist states in the wake of the First World War, while the internal political order in these countries rested on such achievements. However, the restoration of the Monarchy in 1935 and Metaxas' rise to power in 1936 (by virtue of their belonging to the anti-French faction of Greek politics), to some extent presaged the 'revisionist revolution', which occurred in south-eastern Europe in the wake of 1938, which means that Greece, regarding internal politics, was already well on its way to having adapted to the new German Order.

In addition to the political advantages cooperation with the Powder and Cartridge Company provided, one should also note the economic benefits deriving from trade with the Greek company; it produced considerably more hard currency in Germany's favour than previous arms trade with south-eastern Europe had.[43] Furthermore, Bodosakis could also provide access to the

41. Sophia, 9 October 1937, Rheinmetall-Borsig, confidential Aktennotiz, IWM, Speer Documents, FD 790/46.
42. Ibid. Se also Idem (1988). *Kleinstaaten im Spannungsfeld der Grossmächten*, Munich, pp. 169ff.
43. Pelt (1998), pp.151-56.

Mediterranean and his firm served as a platform for expanding German armaments trade into the Orient.

The Powder and Cartridge Company relied mainly on private finance to support its expansion. Until the second half of 1939, loans and the international arms trade, except for one order in 1937 for the production of bombs for the Greek Air Force, financed investments in new plants and machinery. A report for the year 1937, dated 15 July 1938 and addressed to the company's Annual General Meeting, states, "Our plants and technological progress have given the firm a world-wide reputation and made it an important factor on the international market."[44]

Armaments Exports

Armaments exports went to both parties in the Spanish Civil War and to the Middle East, to Palestine and to Iraq. A conservative estimate of the aggregate value of exports of war material to the Spanish Republicans in 1937 would be £ 2.1 million (1.2 billion Dr. or approx. 25 million RM).[45] This figure alone would make the arms trade the second most important commodity in Greek exports. However, the estimate is based on an agreement concluded in November 1937 and does not cover substantial deliveries during the preceding year, nor does it cover the deals Bodosakis made with the Spanish Nationalists.

Transactions between the Powder and Cartridge Company and the Republicans in Spain constituted an essential element in the financial basis for the company's expansion and in that way, also for its demand for machinery and steel from Germany, mainly from Rheinmetall-Borsig. The total German sales to the Powder and Cartridge Company between 1935-1940 amounted to somewhere between 45 million and 55 million RM. In the period between March 1937 and March 1939, that is during the Spanish Civil War, sales peaked to between 35 and 45 million RM, i.e. an average of 17.5-22.5 mil-

44. Athens 15 June 1938, Bericht des Verwaltungsrat der S.A. de POUDRERIES ET CARTOUCHERIES HELLENIQUES, an die Generalversammlung, BA Abt.Potsdam, 80 IG1/IG Farben/A 3849.

45. Sotiropoulos, Brasida Ch. (no year). *Bodosakis*, Athens, Ermias, pp. 157-158. Bodosakis mentions that he invested all the money in the Powder and Cartridge Company.

lion RM per year.[46] As fifty percent of the payments for machinery and 100 percent for patents were settled in hard currency this meant that the Powder and Cartridge Company's trade with the Republicans constituted a source of hard currency for Germany, and, in effect, a very important one. German reserves of hard currency and gold had fallen dramatically since the beginning of the Depression and, in 1937, were at a low of 70 million RM, threatening to dry up completely in 1938.[47] This eventuality must have made transactions between the Powder and Cartridge Company and the Republicans very attractive to Göring, at least in a strictly economic sense.

Regarding sales to the Middle East in 1937, the Powder and Cartridge Company was called to participate in German exports of cartridges to Iraq for a total value of 500 million Dr. and cooperated in arms exports to Egypt and Afghanistan.[48] At that time, the Middle East was a disputed market. By the end of July or the beginning of August 1937, German arms dealers in Egypt called for Greek help.[49] During a meeting between Bodosakis and Rheinmetall-Borsig, held in October 1937, the former mentioned the possibility of export cooperation with the German firm; the Powder and Cartridge Company could serve as a platform for exports to neighbouring states. Bodosakis stressed the low wages in Greece and its geopolitical position as important assets.[50]

---

46. Athens, 31 March 1939, German Legation to AA, W III 2652/39, PA/AA, Ha.Pol.Iva Handel 24 Nr. 6, Auskünfte über Ruf und Leistungsfähigkeiten von Firmen in Ausland, Griechenland. 5 May 1941, WiRü Amt Vortragsnotiz für den Herrn Reichsmarschall, Geheime Kommandosache, Sicherung deutscher Wirtschaftsinteressen in Griechenland, BA-MA, WI/IC1. 10.
47. Berlin, 1 February 1938, OKW, Wehrwirtschaftsstab, Stand der wirtschaftlichen Lage, BA-MA, RM 11/3.
48. Athens, 17 June 1937, Waterlow to Eden, PRO, FO 286-1142-71-28-37. In order to conduct the arms deliveries to Iraq, leading German armament companies established a consortium, which was made up of Friedrich Krupp AG, Otto Wolff, Berlin-Suhler Waffen- und Fahrzeugwerke, Rheinmetall-Borsig and Waffenfabrik Solothurn AG. Rheinmetall-Borsig headed Untergruppe I, which undertook delivery of artillery ammunition, while Otto Wolff headed Untergruppe II, which delivered other kinds of ammunition and war material, Tillmann, p. 23.
49. Cairo, 17 August 1937, Dresdner Bank, streng vertraulich, to Dredsner Bank, Auslands-Sekretariat VI, Betr., Iraq/Rheinmetall-Borsig/Otto Wolff. Also Ramleh-San Stefano 21 August 1937, Deutsche Gesandtschaft, BA Abt.Potsdam, 0961/68445, Handel mit KG, Ägypten.
50. Sophia, 9 October 1937, Rheinmetall-Borsig, confidential Aktennotiz, IWM, Speer Documents, FD 790/46.

Whether such cooperation was established or not, is impossible to deduce from the available sources. However, it is clear that in August 1938 Bodosakis negotiated with the Egyptian government for the delivery of 2 million gas masks at a total value of £E (Egyptian Pound) 350,000. The negotiations were made in strong competition with the German company, Auergesellschaft.[51] As a result, of the Czechoslovakian crisis, the German authorities prohibited Auer from supplying British dominated Egypt.[52] Subsequently, Bodosakis and Auer established a gas mask factory in Athens, thus giving the German firm a platform for export.[53]

In 1939 Göring made an attempt to take over the Powder and Cartridge Company, something, however, which Bodosakis strongly resisted; he wanted to maintain his control of the firm and Metaxas supported him in this policy. In this situation, Bodosakis turned to the British armaments firm Vickers to make it assist him financially, but to no avail.[54] The outbreak of war in 1939 soon provided new customers, among them Britain. In 1940, British orders were placed with the Greek firm, but they were never realized because in August the Germans discovered the plans. This situation provoked discussions in the German government as to how to handle the situation. Voices heard ranged from hardliners, demanding German firms to ban all deliveries to the Greek plant until it was placed under some kind of Italian or German control,[55] to the more soft-spoken, who were ready to lift the embargo as soon as they felt sure that the deliveries to Britain were stopped.[56] How-

---

51. Athens, 4 August 1938, Hans Dyckhoff, representative of Auergesellschaft, draft of a letter to the Egyptian Embassy about sales of gas masks, PA/AA, Gesandschaft Athen Nr. 21, Heer und Flotte, Lieferungen. Bodosakis had at that time established EKAP and had based its production on a German patent: Stoltenberg.
52. Ramleh, 23 September 1938, the German Legation to Auswärtiges Amt, WIII 7333/38, PA/AA, Gesandtschaft Athen Nr. 21. EKAP's Stoltenberg patent was found to be unsuitable for gas masks.
53. When the Germans occupied Greece they checked EKAP's production facilities. From a report on the subject it is evident that EKAP was producing gas masks according to an Auer patent. 31 May 1941, Bericht über die Tätigkeit der Abteilung Rohstoff-Allgemein, Unterabteilung Immobilien, Übernahme wichtiger Betriebe in Besitz und Eigentum, PA/AA, Handakten Clodius, Griechenland Bd.4.
54. Pelt (1998), pp. 246-8.
55. Berlin, 27 August 1940, Clodius, zu W 4083g I. Sofort, Schnellbriefe Geheim, BA Abt. Potsdam, 09.01/Auswärtiges Amt/68435/Handel mit KG Griechenland, Bd.3.
56. Berlin, 27 August 1940, Clodius, zu W 4083g I. Sofort, Schnellbriefe Geheim, BA Abt. Potsdam, 09.01/Auswärtiges Amt/68435/Handel mit KG Griechenland, Bd. 3.

ever, Italy's attack on Greece on 28 October 1940 put an end to all such discussions.

Germany's swift victory over Greece in April 1941 and the incursion of Axis forces in the following months unleashed a virtual scramble between Germany and Italy to grab Greek assets, mainly in industry and mining. Greek agriculture was heavily parcelled and the collection of crops from the single fields, i.e. cooperation with the farmers, was needed if agriculture was to constitute an important asset; furthermore, as the only country in south-eastern Europe Greece was not self-sufficient in foodstuffs and cereals; something which made the question of feeding the Greek population a liability for those responsible.

The Germans won the race for the industrial centres of Athens and Thessaloniki.[57] Rheinmetall-Borsig acquired Bodosakis' possessions including all the daughter-firms of the Powder and Cartridge Company while AEG took over the so-called "Power" Group; a public utility running trams in Athens and providing the capital with electricity. The fact that German firms like Krupp and Nordische Aluminiumgesellschaft also took over the bulk of Greek mining unleashed angry Italian reactions and made Berlin force Krupp to hand over its possession of the nickel mines in Lokris to the Italians.[58] Against this background, it was decided to dismantle the Powder and Cartridge Company's assembly of machinery and move it to Germany, so that "the high quality facilities (hochwertige Einrichtung) of the Powder and Cartridge Company did not fall into the wrong hands.[59] There were also voices in the German government that advocated the retention of the factory intact in Greece. The factory was important for the German armament industry, in its function "as the future armoury of the Greater European area" (der zukünftigen Waffenschmiede im großeuropäischen Raum), to preserve companies of a modern standard, like the Powder and Cartridge Company, outside the Ger-

57. Pelt (1998), pp. 205-6.

58. Ristovic, Milan (1998) 'Third Reich's 'New Order' and Practice in the Balkans, 1941-44: Serbian and Greek Case'. Macedonia and Thrace, 1941-1944. *Occupation – Resistance – Liberation. International Conference Organized in Thessaloniki, December 9-11, 1994*, Institute for Balkan Studies, 269, pp. 33-49.

59. 5 May 1941, WiRü Amt Vortragsnotiz für der Herrn Reichsmarschall, Geheime Kommandosache, Sicherung deutscher Wirtschaftsinteressen in Griechenland, BA-MA, WI/IC1. 10.

man *Reich.*[60] However, some of Bodosakis' complex remained in Greece and, according to American and British intelligence, they were working "full blast for the enemy".[61] In the wake of the German invasion, the Greek political and military elite fled Greece and went to Egypt. Bodosakis left Greece shortly before the German invasion and went, via Egypt, to South Africa, where he attempted to establish a munitions factory. When these plans failed, he proceeded to the United States. Bodosakis soon excited the suspicion of the US authorities. A report from the director of Naval Intelligence written in 1942 entitled "Greek American Fascism" referred to Bodosakis as "a thoroughly disreputable character, by some considered the most dangerous of all Greeks".[62] However, he soon managed to impress American business circles and through such channels, his ideas of post-war Greek reconstruction reached the highest levels in Washington. He also brought expertise and influence from the UN and when the UNRRA closed down in October 1947, Bodosakis recruited its former head, an American, Mr. Maben.[63] In this way, his plans became the backbone of the Marshall aid financed programme for the economic reconstruction and development of Greece. It was also Bodosakis who brokered the first significant reestablishment of relations between the Greek government and German business.

60. Besprechung im Auswärtigen Amt am 7. juni 1941 bei dem Gesandten Clodius über Sicherung von Rohstoffe und wehrwichtigen Unternehmungen in Griechenland, geheim, BA-MA, WI/IC1, 10.
61. Washington 2 July 1942, from The Director of Naval Intelligence, J.B.W. Waller, *Greek American Fascism*, NA, RG 59, 868.20211/12.
62. According to Army Intelligence Bodosakis was considered 'pro-Nazi'. The report concluded, "Although he [Bodosakis] is reported to have adopted a pro-United Nations front, he should still be considered suspect." To this was added, "He may try to open a munitions plant in Connecticut, it is rumoured". Washington 2 July 1942, from The Director of Naval Intelligence, J.B.W. Waller, *Greek American Fascism*, NA, RG 59, 868.20211/12.
63. PRO, FO 371/87717.

Population Policy and Economic Exploitation. The German Occupation of Byelorussia (1941-44)

Paul Sanders

Introduction

In the macabre list of European regions ravaged by Nazi occupation, there are a few that make it to the top. Byelorussia can, no doubt, lay claim to this status. Of all the Soviet republics the BSSR was the most terribly devastated. There could have been hardly a family on her territory that was not touched by the effects of genocide, hunger, deportation and destruction.

Byelorussian demographic losses during the occupation were 1.6-1.7 million, about twenty percent of the total of 9 million in the summer 1941[1]: 700,000 prisoners of war (PoW), half a million Jews, 345,000 victims of partisan warfare, plus another 100,000 from other population groups.[2] The overall significance of the two largest groups of victims (PoW and Jews) lies less in the absolute figures than in their ability to reveal a clear German intention of targeting and exterminating – in their entirety – specially designated and selected groups. To a somewhat lesser degree this total annihilation drive also applies to the other groups of victims.

In varying degrees, all Byelorussians had suffered hunger and starvation. The consequences of malnutrition, starvation and disease were particularly severe for children and old people. In one district, their numbers suffered an even larger reduction in percentage than those of the age group fifteen to fifty-five.

About 380,000 Byelorussians were deported to the *Reich* for slave labour.

1. Pre-war population figures were 10.5 million. Of these between 1 and 1.5 million escaped the German advance in the summer 1941.
2. To this figure one should add several hundred thousand Byelorussians enrolled in the ranks of the Soviet army who had fallen in combat, raising total Byelorussian population losses in the 'Great Patriotic War' to about twenty-five percent, see Gerlach, Christian, *Kalkulierte Morde. Die deutsche Wirtschafts- und Vernichtungspolitik in Weissrussland 1941 bis 1944*, Hamburger Edition, Hamburg, 1999, p. 1158.

Of the remaining population about two million had been forced to relocate, flee or evacuate at some point. As a result of destruction and massive relocation less than half of the population still lived at their pre-war domicile at the end of the occupation. Four million could still claim a roof over their head, while three million had become homeless.

The material damage was equally horrid: 209 towns and 9,200 villages were totally destroyed. The number of industrial plants had been reduced by eighty-five percent their capacity by ninety-five percent. Livestock herds were reduced by eighty percent land surface area planted with cereals by fifty percent.[3]

Faced with genocide, mass destruction and systematic pillage on such as scale, pondering business or economics as part of the general equation may seem somewhat misplaced. What kind of business could there have been under these conditions, apart from the business of survival? Such a reaction can be hardly surprising. However, the following sections will demonstrate that the inclusion of this economic dimension makes imminent sense and reveals the intricate logic of this occupation. As demonstrated in a recent landmark publication, it goes straight to the core of the problem.

The first objection needs to be supplemented by a second, the basic absence of 'business' or 'business culture' comparable with anything in Western or Northern Europe. Eastern Byelorussia, together with the capital Minsk, had been collectivized and sovietized in the 1930s, leading to the eradication of private business. The Western part of Byelorussia had come under Soviet control only in 1939, but even there the decimation of 'bourgeois' entrepreneurs (especially Jews and Poles), Kulaks and other 'unreliable elements' through deportations to Kazakhstan and other places had taken its toll.[4] What was left were pre-industrial artisanal trades or commercial ventures where Jews (who constituted at least forty percent of the population in the major Byelorussian cities) were over-represented.[5] A question arises: on what elements should research on business in occupied Byelorussia be focused? A focus on the relationship between German and local business, as existed in

3. Gerlach (1999), p. 11; 462; 1159-61; Theo Schulte, 'Living Standards and the Civilian Economy in Byelorussia', in: Overy, Richard J. et al. (ed.), *Die "Neuordnung" Europas. NS-Wirtschaftspolitik in den besetzten Gebieten*, Metropol, Berlin, 1997, p. 176.
4. Chiari, Bernhard, *Alltag hinter der Front. Besatzung, Kollaboration und Widerstand in Weissrussland 1941-1944*, Düsseldorf, Droste 1998, pp. 36-48.
5. Hilberg, Raul, *Die Vernichtung der europäischen Juden*, Frankfurt 1991, p. 305.

other occupied countries, can naturally only lead to a dead end. In comparison to other occupied countries the commitment of private German business was quite limited, the only notable exception to this lack of interest being the potential for the recruitment of cheap Byelorussian slave labour. Otherwise the idea of agricultural exploitation and de-industrialization largely dominated and neither of these sectors was the business of German entrepreneurs. Looking at occupied Byelorussia with a business-focus makes most sense if one considers the two main competitors for Byelorussian resources: Germans and Byelorussian civilian population trying to find subsistence. Therefore, a focus on evasion of economic control, and the black market as an alternative form of business, is most worthy of study.

The defining co-ordinates: food, forced labour and extermination

With the publication of his *Kalkulierte Morde. Die deutsche Wirtschafts- und Vernichtungspolitik in Weissrussland 1941 bis 1944* (Hamburg, 1999)[6], historian Christian Gerlach produced a quantum leap in the historiography of the Byelorussian occupation. It is certainly no exaggeration to say that Gerlach has identified the basic factors conditioning this occupation, creating a standard (or benchmark) that future studies cannot afford to ignore. One of the main results of this research had been to relativize the 'mainstream' interpretation of mono-causal ideological premises (anti-Semitism, racial prejudice, anti-communism, chauvinism, social-Darwinism) as the sole or even principal 'detonator' of Nazi genocide. Clearly, many post-war historians had become so stunned by the extent of Nazi mass murder that only an a-materialistic case of *ideologische Verblendung* could serve as an appropriate, proper and dignified enough explanation. However, multiple connections between extermination policy and economic targets point to a different story. In Gerlach's analysis the real 'detonator' came in the form of solid material motivations, while the role of ideology was that of an 'enabler' designed to loosen inhibitions. Two material items in particular – food management plus the pressing need for labour after the end of the Blitzkrieg in late 1941 – had a far from negligible impact. This result presents a challenge to the traditional primacy of ideology in providing a suitable explanation for Nazi extermination policy.

6. Translation: Calculated Murders. German Extermination and Economic Policy in Byelorussia 1941 to 1944.

Before engaging in an interpretation, however, one should turn to a description of facts and events.[7] About half of pre-war Byelorussia remained under military administration for the whole of the occupation. The other half was placed under the civilian administration of a general commissar, Wilhelm Kube, subordinated to the Riga-based *Reichskommissariat Ostland* (comprising Byelorussia and the Baltics), under Hinrich Lohse. A second *Reichskommissar*, Erich Koch, was installed in Ukraine. Their nominal Berlin overlord was Alfred Rosenberg, Reich Minister of the Eastern occupied territories, but this subordination was largely restricted to political questions. Moreover, the Rosenberg ministry also served as a transmission belt between *Reich* central services and the Eastern occupied territories, which had little influence on the routine day-to-day running of the occupation where the *Reichskommissars* had a free hand. The SS, the Wehrmacht and Göring's Four-Year-Plan exercised further important prerogatives.

Naturally, the division of authority and the doubling of efforts through the installation of special plenipotentiaries led to friction. Nevertheless, the results of German rule demonstrate how harmonious collaboration between German services actually was. Especially the post-war perception of a SS solely responsible for murderous excesses in the East needs revision. The overbearing proof pointing to the involvement of military, civilian administration and harmless-sounding economic services in the planning and implementation of population, food, slave labour and extermination policy shatters the myth that some German services came out of this trial with clean hands. Bureaucratic chaos and polycracy in no way impeded German authority, as there was general agreement on the basic precepts – colonization of the territories, production of agricultural surplus through starvation, extermination of Jews, other 'objective enemies' and 'useless eaters', and, finally, de-industrialisation/de-urbanisation. Therefore, despite the often conflictual relationships between German services a general consensus prevailed. Competition between German services even created a dynamic accelerating violence often leading to the adoption of the most extreme measures. Research on the development of the 'Final Solution' has well documented this clockwork mechanic.

The Germans had no intent of settling occupied Byelorussia with

7. For the entire section see Gerlach (1999), pp. 1126-1143.

colonists, at least not for the duration of the war.[8] Population transfers, such as practiced in Western Poland, also played no determining role. The aim lay in exploiting the Byelorussian rural population as farm labour.

In order to understand the German focus on agricultural production one needs to take a look at the wider strategic situation. Already in January 1941, during the planning of operation *Barbarossa*, the Reich Food Ministry had come to the conclusion that additional resources should be reaped from agricultural surplus areas of the to-be-invaded Soviet Union. The basic idea would entail the diminution of supply to areas with a deficit in agricultural production (and importing from the surplus areas), in particular the industrial centres of Northern and Central Russia. Thus, a 'hunger plan' was envisaged that projected the reduction of the Soviet population by 30 million heads. Industrial capacities would no longer be necessary in a future German Empire where Eastern Slavs would be reduced to a status of agricultural slaves. This de-urbanisation and de-industrialisation of Russia was just another consequence of the 'hunger plan', the most massive genocide plan of human history.

The plan responded to two logics: cut off from intercontinental trade through the British sea blockade and in no way able to attain either self-sufficiency or adequate supplies from 'fortress Europe', the Reich faced a severe food crisis, reminiscent of the situation during the First World War. Hitler became actively involved in the issue, fearing a drop in German morale and considering the enlargement of the food basis a priority question that had to be resolved, no matter what the costs. Secondly, the military planners of *Barbarossa* had in no way made provisions for a satisfactory supply of their troops. In the interest of a speedy advance they calculated that the limited transport and logistics infrastructure in the Western part of the Soviet Union had to be kept open for military priority items: war materiel and fuel. Therefore, from the beginning, it was calculated that German troops would supply themselves through living off the land. The needs of the civilian population and, later, of the masses of prisoners of war, were left out of the equation, intentionally. They were to disappear through under nourishment, in the interest of the pursuit of *Blitzkrieg*. Additionally, in order to stamp out potential

8. This premise already shatters the jewel in the crown of the Soviet Byelorussian historiography of the Second World War, which had always confounded the actual existence of a German settlement plan with its real-life implementation. This 'golden calf' is a heavy battle zone contested by Minsk historians.

for revolt, it was agreed to target and annihilate those groups of Soviet citizens who were perceived as the main proponents of Bolshevism, such as Jews.

Soon after the invasion the 'hunger plan' (or at least those components of it extending to the urban populations not targeted for immediate annihilation) revealed itself as unrealistic, even naive. Naturally the population refused to simply stay put and starve in the cities that were cut off from food supplies. Instead they dissipated in the countryside and started building parallel supply structures. Others acquired small allotments where they could grow potatoes or vegetables. Secondly, the occupation relied on a minimum of infrastructure services, which only local labour could provide. One very significant example was the transport infrastructure. Repairing, maintaining and running the railway network in the area of *Heeresgruppe Mitte* required the assistance of over 80,000 locals. The withdrawing Soviets had succeeded in evacuating large numbers of locomotives and the vast majority of railway cars, creating a transport crisis. As a result the broad gauge of the network had to be changed over to European standards and rolling material had to be brought in from Western Europe. Despite feverish efforts, by summer 1942, only twenty percent of pre-war structures were available.[9]

Therefore, a few weeks into the occupation, troop commanders and military administration restored the supply of food to the city populations. These were still no full rations. Typically, so-called 'useful workers' received 1,200 calories per day; others 850, while children under 14 and Jews received a mere 420 calories.[10] However, with the help of additional provisioning in the countryside the majority would now starve, rather than starve to death.[11] The case

9. Werner Haupt, *Heeresgruppe Mitte, 1941-1945*, Dorheim 1968, p. 256; H. Pottgeister, *Die Reichsbahn im Ostfeldzug*, Neckargemünd 1960, cited in Schulte (1997), p. 179.
10. S.B. Clough, 'The Economics of World War II', in: European Economic History, London, 1968, cited in Schulte (1997), p. 180.
11. No comparison is intended here between the murderous severity of German-occupied Byelorussia and the relatively benign post-Soviet situation. However, strategies of livelihood procurement in present-day Belarus are at least reminiscent of civilian practices during the war. In a very large number of cases, official urban salaries ranging from anywhere between 40 and 150 USD per month need to be supplemented by alternative means. These include second or even third jobs, moonlighting (black work), trading 'on the side', and/or receiving food from relatives living in the countryside or with access to collective farms/food processing plants. In some cases this may involve more organized forms such as cross-border shuttling and smuggling, or the barter of stolen goods. All this informal and illegal economic activity follows patterns already established during the Soviet period, and probably even before.

of the prisoners of war was different: contrary to the civilian population this group of Soviet citizens could be kept under control in the improvised camps, under appalling conditions.

In September 1941 the original eliminatory intentions of the German machinery attained new momentum. By then it had become sufficiently clear that the Soviet Union had not collapsed and that, once the shock of the attack and the losses of the first weeks had been overcome, the Soviet army was proving itself a formidable opponent. Military operations would continue into 1942. It was the Germans, and in particular *Heeresgruppe Mitte,* who were now facing a crisis, limiting their transport capacities to the supply of ammunitions, fuel and equipment. Another result of the new situation was that the *Reich* food management plan for 1942 had to be modified. This plan entailed an even larger strain on the resources of the occupied territories and a relaunch of the 'hunger plan', in a modified version: civilian rations were lowered again, the extermination of Jews was now extended to comprise entire communities, and the non-supply of prisoners of war became systematic. Finally, a killing campaign was initiated against urban and military fugitives in the countryside, the so-called 'wanderers', together with first punitive expeditions against the developing partisan movement.

In parallel, the second overriding logic of German policy – the search for forced labour – also materialized. This new need, another consequence of the failed military campaign, was only in partial contradiction with the declared aim of the 'hunger plan'. Again perception played an important role: the reservoir of available workers in the occupied territories was deemed to exceed by far the immediate needs of the German war economy. Thus the starvation and extermination policy remained in force, in particular with regard to Jews and Soviet prisoners of war.

The year 1942 heralded an increase in the recruitment of forced labour and the beginning of a more systematic exploitation of agriculture and industry. In February 1942 the colchose farms were dissolved in the framework of an agrarian reform and replaced by smaller exploitations that were easier to survey and to exploit. Overall, agrarian reform was to create a better quantitative basis for registration and control of rural resources, and a speedier implementation of the labour draft. At the same time, more and more people were being employed in essential Wehrmacht services in the cities. While unemployment had still existed there the preceding year, by 1942 it had subsided. Slowly a contradiction began to materialize between the aim of raising agricultural production, on the one hand, and the maintenance of a large enough workforce for the urban infrastructures, on the other hand. As a consequence the Germans started to differentiate increasingly between workers and non-workers. For some time this differentiation also extended to the remaining Jews. However, from autumn 1942 the killing of Jews developed its own logic, independent of economic or other considerations. To paraphrase Gerlach's words: the crime, once begun, now tended towards its completion.[12] In fact, the inclusion of Jewish skilled workers and artisans in the extermination measures between late 1942 and early 1943 was one of the few instances where ideology overrode economic rationality.

The year 1943 was the year of the killing fields, burnt towns and villages, which was the result of a German terror campaign using the pretext of partisan warfare as a means for penetrating and restructuring the Byelorussian countryside. The origins of this terror campaign were laid already in 1942, when, faced with a higher demand for civilian labour, the German occupation turned its attention to the countryside where a hidden reservoir of several 100s of thousands of eligible workers was suspected. As on other occasions, the loss of a sense of reality led to the rather unreflecting assumption that drafting this labour would proceed according to a best-possible-case scenario; potential problem zones in the implementation of the measure were deliberately ignored. In reality labour recruitment confronted severe obstacles: too many city-dwellers had been murdered or deported to Germany in the first half of 1942 to be replaced on a short-term basis. In addition, German penetration of the countryside was weaker than expected, the potential for evasion of control much larger than in the towns.[13] Thus, in October 1942 only half of the rural workforce in the *Generalkommissariat* had been registered with the German *Arbeitsamt* (employment office). To complicate matters further the long arm of the partisan movement was now also exerting its influence and creating effective obstacles to German rule over the countryside. As a reaction to seeing large areas slip out of their control, the German authorities replaced lack of prior planning by willpower (a 'crisis management tool' exhorted by Hitler himself) and violence. The result was the development of a comprehensive campaign combining anti-guerrilla operations with German interests in agriculture, labour enforcement and territorial administration. Instead of heeding calls from Berlin demanding tough (but impractical) action

12. Gerlach (1999), p. 1140.
13. The town-countryside divide is an important feature for the study of occupied countries.

along the strategic railway lines, Wehrmacht and SS developed a tactical concept of encircling and 'cleansing' large areas under partisan control. This plan was more realistic because it enabled the Germans to bypass manpower shortages and use this limited resource in the most effective way. The prototype for the whole concept was operation "Bamberg", in 1941, which claimed 6,000 victims. However, the worst was still to come. What is significant about the ensuing operations was that the Germans did not invest these areas in order to engage the elusive partisans in combat, but to wipe out the villages. At the same time the 'anti-guerrilla operations' (which were anything apart from genuine anti-guerrilla operations) served to round up new work-slaves. Accordingly, the populations of the 'burnt villages' were selected, 'useless eaters' were murdered and the rest was sent to Germany or the cities of the occupied territories. The third rationale underlying these mopping-up operations was that they could act as a deterrent in those parts of the country that the Germans wished to control, thus preventing the further spread of the 'virus' of political resistance.[14] The peak of this terror campaign was reached between autumn 1942 and summer 1943, at a time when sufficient manpower was available in order to launch a massive strategic offensive. The cold-blooded calculation was that the rural areas outside German control were of no use to them, but could be (or already were) of use to the partisans. Following Göring's order of 26 October 1942, which explicitly referred to this fact and demanded the evacuation of such areas, the Germans decided to strengthen control of those parts of the country which were most important to them from the point of view of agricultural production. Again the concentration of German power over the most valuable land areas was a calculated step, devised to optimize resources. By mid-1943, the policy had led to the emergence of extensive areas of dead zones, coinciding, incidentally, with simultaneous orders from Berlin that had called for a hastening of the labour draft among the rural population. Later, this objective was consolidated through the establishment of *Wehrdörfer* (a mixture of agricultural settlement with military base/concentration camp) where peasants could be kept in check.

An increasing scarcity of labour and attempts of the German military to mobilize this labour even more fully for their immediate purposes characterized the final phase of the occupation. In those areas they had to evacuate the

14. A German idiomatic expression characterizes such a pragmatic approach as 'zwei Fliegen mit einer Klappe schlagen' (to kill two flies with one stroke).

Germans selected the entire population, leaving non-workers and 'useless eaters' behind, or placing them in improvised death camps, while many workers were interned in labour camps. Simultaneously, the German also conceded more space to political collaboration, installing a puppet regime that could serve as a counterpart to the partisan movement, thus stabilizing the still-held areas.

The question why, of all occupied Soviet territories, Byelorussia was most hard hit elicits some need for explanation. From the beginning the country – together with Northern and Central Russia, and the population centres Leningrad and Moscow (the 'forest zone') – was included among those Soviet territories where the 'hunger plan' was to be implemented in a particularly unmitigated manner. Secondly, the autumn 1941 transport and supply crisis of *Heeresgruppe Mitte*, assembling the main thrust of the German military for the final attack on Moscow, again created worst conditions for the Byelorussian hinterland. Therefore, Jews and prisoners of war were killed faster here than anywhere else. Furthermore, the pro-Soviet traditions of Byelorussia enhanced the German willingness for destruction and cold-bloodedness, which is a useful measurement criterion for comparing the situation in Byelorussia with the more southerly Ukraine, which, in German eyes, was more receptive to anti-Communism. Lastly, the concept of structured and systematic violence developed for tackling the partisan movement went beyond the scope of mere reprisal measures. The calculated result was scorched earth.

Gerlach's study has the merit of challenging the general usefulness of the exclusive 'water-tight' concepts with which some historians prefer to work. Seen from this perspective the question whether extermination was driven by ideology or economics is a bogus one. A second fallacy lies in the assumption that extermination was irreconcilable with economic rationality, and that, as a consequence, ideology must have driven it. Instead extermination was rather a corollary of economic planning. An elementary link exists between extermination and the eruption of economic crisis in the fields of food and labour. Mass murder and slave labour deportation became the most favoured crisis management tools. Consequently, there could be no major contradiction between economic rationality and extermination. Material motivations drove the latter. The 'unisono' of economics and extermination also helped to discharge the joint criminal energy of administration, SS and military. When murder could be justified in economic terms, it no longer remained the business of a minority of hotheads, but the entire apparatus sustained it, which explains the extent and the speed of murder.[15]

Naturally, without prejudice, hatred and contempt such action would have been impossible, but it is another thing to consider them as the underlying motivators of mass murder. What ideology did induce, however, was to target mass murder efforts, through a procedure of selection along opaque criteria of race, ideological orientation, or fitness for work. The difference was crucial to the overall success of the occupation. In theory (at least) violence was by no means 100% arbitrary in selecting targets, and it was not directed against all Soviet citizens with equal force. Brutal and deterring as it was, the German pressure cooker provided opportunities to the survivors of the murder campaigns to find out what their new masters wanted and to prove their loyalty by engaging in the only avenue of collaboration that was open to them: total submission. Of course it was blackmail, but it produced results: faced with a choice between two evils, most people preferred blackmail to outright death. Some also escaped to the woods. However, it is interesting to observe that the groups most menaced by extermination (Jews, Communists, prisoners of war) were clearly over-represented in the partisan movement. Escapees from the burnt villages or young urban idealists who considered their pride and human dignity a value worth preserving joined them. Still, the overall majority of Byelorussians considered that, despite the gloomy prospect of starvation (or execution for trying to organize an adequate food supply), their chances were better served if they remained at their places of residence and made themselves indispensable to the Germans.[16]

Agriculture

Agriculture was the area of prime importance to the occupier. Although the average agricultural yields were low in comparison to other Soviet territories such as the Ukraine or the Baltics, seventy percent of the pre-war Byelorussian workforce was concentrated here. Eastern Byelorussia had been heavily collectivized in the early 1930s (11,000 colchoses), whereas the formerly Polish Western part still counted around 600,000 private farms in 1941. The collective farms were dissolved in spring 1942. This measure increased the

15. Gerlach (1999), pp. 1143-1161.
16. Such ideas shake the Soviet myths of the 'Great Patriotic War', which continue to be the official version of things in present-day Belarus.

pressure to perform on individual farmers. It also rationalized the use of labour and exposed hidden resources that could be employed elsewhere. In this regard reform in the countryside benefited the wider aims of German population policy. Very little of the Byelorussian agricultural produce was shipped to Germany. The overall target of German agricultural policy in Byelorussia was to allow the two million strong *Heeresgruppe Mitte* to 'live off the land'. All farmers had to comply with German delivery quota, which amounted to about fifty percent of total production for grain and oleaginous plants. One third was booked as seed for the following year; the remainder was left to the producer.[17] How much farmers could evade German control and hoard the differential of yields higher than those stated in German agricultural previsions depended on the ability of the German administration to gain access to pre-war production figures. In some cases these records had been destroyed. In any case farmers ran a high risk if any supplementary hoards were discovered. Agricultural produce was 'paid' in promissory notes or *Reich* credit fund notes (*Reichskreditkassenscheine*). In practice this meant that farmers received next to nothing for their goods,[18] which had several reasons: first of all prices were set too low to cover costs. In a typical example farmers had to spend more money on livestock feed than they could earn through the sale of livestock. Secondly the mark-rouble exchange rate of 1:10 was set artificially low (before the war: 1 to 2), in order to serve as an additional draining mechanism. Thirdly, due to the constraints on industrial production money became practically worthless, making barter the only profitable type of transaction.[19] Therefore, it can be hardly a surprise that farmers turned to the black market for the sale of out-of-quota produce.

A number of factors prevented raising agricultural production, such as the lack of agricultural machinery and tractors, the scarcity of fuel or 'wildcat' troop requisitions of horses and oxen. However, the available figures suggest that the German exploitation of agricultural resources was not as unsuccessful as has been suggested by some authors.[20] Firstly, there is solid

17. There were however regional variations in the quotas. It should also be noted that farmers could not dispose of the one-sixth left for self-consumption at their own free will.
18. It seems almost needless to stress that some Germans served themselves without paying at all.
19. Gerlach (1999), pp. 231-33; 240-52.
20. This thesis rests on two assumptions: that Nazi Germany reaped more benefit from the Soviet Union under the terms of the Hitler-Stalin pact than through occupation; and that the economic contribution of the East was lower than that of, for example, France. Both are incorrect.

reason to believe that actual deliveries were higher than calculated because the relevant German figures were expressed in money terms. However, money cannot be an adequate unit of measurement as the prices paid were far too low. Secondly, even under these rather disadvantageous terms the occupied Soviet territories delivered one third of all grain imports (more than any other country) and a quarter of all meat imports. In the case of oleaginous plants the figures for 1942 and 1943 stood as high as seventy percent.[21] Further precision is, as yet, impossible, due to patches in the sets of data, plus large variations and inconsistencies in those figures that are available. There is also no way to determine the amount of direct requisitioning that took place through Wehrmacht troops; what can be said is that the requisitioning grew over the occupation years. Also agricultural delivery quotas were lowered from year to year, following the experience of the preceding year.

Industry

Agriculture is the main relative wealth of Byelorussia. In contrast, natural resources for industrial use are rare, apart from wood and peat. Therefore, despite some first efforts in the 1930s, the degree of industrialization in Byelorussia at the outbreak of war was still low in comparison to other republics. The Germans had little intention of changing anything about this basic fact, quite to the contrary. Much industrial capacity was destroyed in the first weeks of the war. The Soviets evacuated the other capacity, such as the largest industrial plants in Byelorussia, the agricultural machinery plant and the glass manufacture, both in Gomel. What remained of the Byelorussian industry became subject to a deliberate policy of de-industrialisation and de-urbanisation, which was one component of the 'hunger plan'. Consequently, only one-tenth of the Byelorussian workforce was employed in sectors other than agriculture. Wehrmacht, Reichsbahn and Organisation Todt services absorbed the largest share of this workforce. Then came the energy, timber and peat industries, followed by a small share in the textile and processing industries. Plants that could run armaments production were virtually non-existent and what the Germans were left with was, in the main, small workshops, es-

21. Another factor of enormous economic value was slave labour; see Gerlach (1999), pp. 1148-49.

pecially in Western Byelorussia. Minsk was exceptional in this respect, with some of its factories producing radio-units, machine tools and horse-carriages, and with several repair or production units for all kinds of military utensils. As indicated, most of the remaining industrial capacity was converted to catering to the direct needs of the Wehrmacht. In those cases where this conversion was impossible, or made no sense, facilities were shut down, the workers drafted for forced labour. This situation was the case with the textile and metal industries, which both lacked coal and raw materials. Similar to the practice in other occupied countries textile raw materials, such as wool and linen, were shipped to Germany where they could be processed in more productive units.[22] The Eastern occupied territories were treated as colonies that produced cheap raw materials. They were to retain only as much processing capacity of their own as was necessary to meet Wehrmacht demands. A few cases exist, however, where the Germans actually set up additional facilities. The two most important were the Werlin-Werk for automobile repair and the *Panzer* repair plant at the former Voroshilov machine plant in Minsk. Significantly, the decision to install these facilities was reached in spring 1942, and not at the eruption of military crisis in late 1941. Werlin, the largest industrial plant in *Ostland* named after a Daimler-Benz director whom Hitler had appointed general-inspector for automobile affairs (*Generalinspektor für das Kraftfahrzeugwesen*), consisted of about thirty hangars, with around 5000 employees. It ran for two years, from summer 1942 to summer 1944. Werlin had developed a plan to establish three automobile repair plants in the rear area of the front. Pskov, Dnepropetrovsk and Minsk were selected as locations. A consortium of all major German car producers, with one masterminding the operations staffed the three plants. In Minsk this company in charge was Daimler-Benz. Despite the fact that Werlin had its own camp consisting of prisoners of war and civilian forced labourers, the greatest problem was labour.

German investment in the occupied Eastern territories was in the area of 1 billion *Reichsmark*. Not particularly impressive, considering their strategic importance, and most of this capital went not to Byelorussia, but to Ukraine and the Baltics. Investment from other European countries was attempted, but failed in most cases. The framework for private sector activity was the *Ost-*

22. A few cases existed where German involvement actually led to the re-launch of facilities, such as in the case of the *Ostfaser*, but this was not the general tendency.

gesellschaften, mixed ownership umbrella organizations combining private and public interests. Building firms – whose employees wore OT uniforms – constituted the bulk of German entrepreneurial activity in Byelorussia. Four hundred and fifty workers at the Minsk radio factory produced radio sets for the Luftwaffe under brand names such as Telefunken. As in other occupied countries, the larger local production facilities were held in trust – as enemy property – and received temporary administrators. The commandeering of industry could be an effective prelude to the ultimate privatization of the Soviet economy. However, the question remained open, if only to avoid tricky legal cases, such as the restitution of property to its former owners. Profits of German builders, small commercial firms and larger industrial conglomerates were based either on the cheapness of forced labour, the advantageous price system, or both.

Black market

To a much larger extent than in France or other Western countries, the black (and gray) economy was the main 'exit route' for a population that would starve to death even if it did 'useful work' in the German sense. Considering the de-monetization of economic exchange and, in some cases, the non-provision of even official rations, Byelorussians were working for money that was practically worthless. The actual significance of work, and in particular work the Germans considered useful, did not lie in the provision of a livelihood. This point is compounded by the inadequacy of official rations for normal nutrition. People worked because it was the least one could do to achieve a minimum of protection against extermination or deportation. However, for their livelihood they turned to the black market. The tolerated, semi-legal form of the black market had a stronghold in the city 'peasant markets'. These had already existed in Soviet times and the Germans allowed this practice to continue. As one may imagine the extreme scarcity led to the formation of prices which many times outpaced the 'frozen' official salaries (between 250 and 600 roubles per month). Thus two eggs on the Brest peasant market cost more than a day's labour.[23] Whether the German administration was unwilling or simply incapable of enforcing a price freeze is impossible to determine with any precision. Despite their high prices the peasant markets were well

23. Gerlach (1999), pp. 284-85.

visited by the population,[24] which may seem like a paradox, considering the low level of income.[25] The riddle is solved when we look at the nature of transactions in these markets. These were, in the main, based on the barter of food against items that were just as rare, indispensable and expensive: shoes and clothing. We can see here a principle at work that I have also noted in my research on the black market in occupied France[26]: that people were living off their pre-war substance. Due to the efforts of the French government confidence in the franc remained partially intact, despite its constant erosion. Only the most street-wise among the business elite managed to convert their cash into other values, such as gold, foreign currency, French or foreign stocks and shares, plus real estate. The majority of the population was subject to a slow devaluation of their savings and could do nothing but sell the 'family silver'. In the East, the return to a barter economy was much more total. In Byelorussia illegal vodka became the main currency.

Obviously, black market provision undermined the hunger plan. The Germans attempted to outlaw this practice by a series of measures: communication and freedom of movement was restricted in a most unprecedented way, through curfews or the prohibition of telephone and postal communication. All people were registered and this registration was strictly enforced. Nobody was allowed to leave his place of registration without permission, and permission was hard to get because the Germans only authorized trips that were in 'German interest'. All those travelling outside their place of residence without official permission were in danger of their lives. So-called 'wanderers' and 'migrants' were one of the population categories singled out for execution. Among them the proportion of city-dwellers trying to 'organize' food in the countryside was very high.[27] The control of the civilian population, coupled

24. Again no figures are available for Byelorussia, but it is estimated that the contribution of these markets to civilian food supply was between one-third and one-half in the Baltics. Figures for Belarus are probably similar.

25. Similar occurrences are described in Galina Dutkina's *Moscow Days. Life and Hard Times in the New Russia* (New York, 1996). She mentions the unavailability of 'normal' food in Moscow shops in 1993 and its replacement by expensive and fancy imported food products. Naturally, these went beyond the power of absorption of average salaries, but people still bought them in order to eat.

26. Sanders, Paul, *Histoire du marché noir 1940-1946*, Perrin, Paris, 2001.

27. In order to gain a correct appreciation of the differences between Eastern and Western Europe it is significant to compare the practice of executing people in the East with the 1942 surrender of the French authorities to the fact that the population was bypassing the offi-

with the food policy and selection of 'useless eaters', made foraging trips into the countryside a dangerous and risky business. Therefore, it is safe to conclude that these measures explicitly targeted the shadow economy that was evading German control and providing a continued livelihood to the cities.[28] Still the large number of German restrictive orders (*Verbote*) suggests that people were finding ways around them. The proportions of the phenomenon were revealed in the course of operation *Zauberflöte* (magic flute), a six-day systematic razzia of Minsk, conducted by police and SS in April 1943. When the search reached the train station, the Germans discovered 22,000 free riders who had boarded freight trucks for foraging trips in the countryside. It should be stressed that the total Minsk population at that time was around 100,000 and this may explain why, in this case, the Germans let most of the apprehended off the hook and only sent 1,000 to work camps.[29]

Of course there was also the organized, large-scale black market, often thriving on considerable German participation. In this case Eastern Europe was no exception to the general rule: soldiers, but also members of the civilian administration bartered cheap industrial products against food, which they sent home in thousands of parcels. Similar to the situation in the *Generalgouvernement* of Poland there were also few limits to the spread of corruption in the German quarters. As in other occupied countries the Germans tried to control the supply of illegal resources. Certain types of products became subject to production bans and disappeared from official markets. In Byelorussia these bans also extended to products that could be of use to the partisan movement, such as soap and leather. Metals were collected and it became a criminal offence to not register stocks with the occupying authorities. However, despite bans a vibrant black market in metals developed. To name another example: mushrooms, considered a luxury product, were equally banned from markets and had to be surrendered to the Germans.

The overall significance of the organized black market in occupied Europe lay in two areas: it could develop into a particularly insidious form of collaboration or it could become a form of resistance. On the whole, the black market in Byelorussia appears to have developed in the second sense: it provided the population with a means to survive, thereby frustrating German inten-

---

cial allocation system and violating regulations by the thousands. In this case the presence of a French government did give civilians some minimal protection.

28. Gerlach (1999), pp. 218-19.

29. Gerlach (1999), p. 288.

tions. On the other hand the emergence of an industrial black market on the French or Belgian scale was impossible here. One must not forget that the Germans could build on sovietization, which allowed them to take full control of the key posts in the industrial economy and avoid the trickling away of resources. Therefore, despite the artisans and farmers who made a good living off the black market, collaboration in Byelorussia has to be sought in the political rather than in the economic area.

Dealing with the Problem of Business and German Hegemony 1939-1945: Closing remarks

Per H. Hansen

One of the most difficult tasks of the historian is to remember and to recognize the consequences of the fact that reality as opposed to history is open-ended. Historians are burdened and blessed with the privilege of hindsight, meaning that they possess a knowledge that no historical agent including themselves could ever have.

On the other hand, expectations influence the future and since the usual basis of expectations is from experience of the past, the future and the past are inextricably linked. Briefly said, the great German historian Reinhart Koselleck made this point.[1] In economic theory, it may be placed in an institutional framework with the concept of "path dependence", which means that actions and decisions taken in the past constrain possible choices in the future.[2]

When analysing the behaviour of business executives and their companies during the Nazi regime it is most important to be aware of this concept. History should be written forwards, not backwards. What does it mean in this particular context? It means that the people and companies dealt with in the present volume made their decisions based on experience and expectations but without any certainty as to where it might take them.

As a matter of fact, with the Nazi government and the coming of the war, the institutional framework was radically changed with respect to formal as well as informal institutions. This change meant that past analogies did not have much validity, and consequently uncertainty increased to a very high level, influencing, of course, business leaders' decision making.

1. For an introduction to Koselleck's *Begriffsgeschichte* see Koselleck, Reinhart (1979), *Vergangene Zukunft: Zur Semantik geschichtlicher Zeiten*, Frankfurt am Main, Suhrkamp Verlag.
2. See, North, Douglass (1990). *Institutions, Institutional Change and Economic Performance*, New York, Cambridge University Press.

Every single decision, whether large or small, led the executive and his company in a direction that sometimes may seem very clear from where we stand in today's context, but was not necessarily clear from his standpoint and his contemporaneous context.

To add to the problem, historians are not present in the past. They are only left with the traces of the past, with the end results of the business leaders' decisions, and they should remember that to draw conclusions about peoples' minds and motives on that basis is not a straightforward undertaking. Historians are not studying the past, as it was, they are studying texts. History is not the past, but what historians write about it.

And facts are not just facts. Our own basic conceptions and ideologies heavily influence their meaning and interpretation, which means that history never ends, because there will always be new interpretations to challenge old ones. The reason for this paradox is that historians are really working with two contexts, the context of the agent they are studying and their own context.

In other words, we are dealing with construction of meaning at two levels. First, the meaning to which contemporary business leaders adapted regarding what was going on around them in an increasingly uncertain world and secondly, the meaning that historians attach to their actions and the causalities that they perceive.

This premise may sound trivial or perhaps dangerous or even wrong, but it is important at least to take it into consideration. Especially when dealing with a subject that has inspired so many different interpretations and outcomes as Nazi Germany and the question of collaboration or resistance.

Neil Forbes, in his book *Doing business with the Nazis*, shows how British banks with large outstanding loans to Germany were very reluctant in doing anything that might alienate German authorities – even after Hitler had come to power in 1933.[3] This debt problem, of course, was a result of the international financial crisis of 1931 and the international depression, but the point is that the advent of Nazism to the highest levels in Germany apparently did nothing to change the policy of British banks.

---

3. Forbes, Neil (2000), *Doing Business with the Nazis*, London, Frank Cass and Forbes, Neil (2004), 'Managing Risk in the Third Reich. British Business with Germany in the 1930s, in Kobrak, Christopher and Per H. Hansen (eds.) (2004), *European Business, Dictatorship, and Political Risk, 1920-1945*, New York, Berghahn Books.

This example illuminates how the business community handled political risk or uncertainty, which might be a better phrase. You might say that they sat still and held their breath hoping for the best and fearing for the worst: ostensibly a quite normal thing for bankers to do when they are hit by unexpected events.

It is even more notable that the Bank of England supported this policy of no-action and thereby, in reality, contributed to the appeasement policy of Britain towards Germany. The reason for the Bank of England's position, apparently, was a real and well grounded fear that some major financial institutions might fail if the outstanding loans to Germany would have to be written off as a consequence of war.

The fact that a financial crisis was feared in England is interesting from a financial historian perspective. However, in the context of this book there is, indeed, another interesting point with a large potential for making the actions of European companies better understood if not necessarily acceptable, if one prefers to take a moral standpoint and to rely on the benefit of hindsight. This point is that the major concern of most, if not all, people, firms and their owners or executives during the Nazi-domination of Europe was to rescue whatever could be rescued of their own life, property and income.

The American historian Martin Dean has demonstrated how Jews trying to get out of Germany before it was too late were trying in every conceivable manner to rescue their assets or as much of them as possible from the seizure – or theft – by the Nazis.[4] This effort, of course, became increasingly difficult during the 1930s varying from circumventing the rigid foreign exchange-controls to aryanisation and denaturalization.

Similarly, companies in occupied Europe did a lot to secure not only their property but also their income. What is perhaps more problematic is that some of them not only defended, but expanded their market share and market position during the war. Some of them were not careful enough not to cross the invisible line that separated understandable and legitimate defence of their own interests from outright collaboration and support of the Nazi regime and the war. And a few of them did not care about this line but behaved in a clearly opportunist way. To be sure, research has now shown that

4. Dean, Martin (2004), 'Multinational Jewish Businesses and the Transfer of Capital Abroad in the Face of 'Aryanisation', 1933-1939', in Kobrak, Christopher and Per H. Hansen (eds.) (2004). *European Business, Dictatorship and Political Risk, 1920-1945*, New York, Berghahn Books.

this phenomenon was general, regardless of whether we look at occupied countries like France or Denmark or neutral countries like Sweden and Switzerland.

Most of the papers presented in this book discuss this situation as their core problem. Hervé Joly in his contribution writes that Germany became an important market for French products, and surely this statement could be strengthened in the sense that Germany became the most important foreign market. Joly then goes on,

> Even if the Germans paid with French money, they paid in cash and because of their financial advantages they [the Germans] were not very aware of the prices ... The political dimensions did not seem to trouble the French firms much (...) sales to the Germans appeared to be the only opportunity to assure the continuance of their firms, the wages of their employees and the profits of their shareholders.

Clearly, this experience was not only a French, but also a rather general experience in occupied Europe. Unemployment was high during the 1930s; agricultural incomes were depressed and quite a few industrial companies also suffered from the implosion of international trade. To make it quite clear, it was the Second World War that pulled the capitalist world out of its worst crisis ever. Even the deflationary pressure disappeared without turning into an uncontrollable inflationary experience similar to the period during and after the First World War. Unemployment declined, and, perhaps even more importantly over the long term, the combined experience of depression and wartime management of the economy had important long-term effects on post-war Western societies.

In short, as the Dutch, the Norwegians, the Swedes, the French, the Belgian and the Danish cases demonstrate, the majority of the population and the companies continued with business as usual and thus, profited from the war and indirectly supported the German war machine. In general they were left with few alternatives because their traditional foreign markets were alleviated when the pattern of international trade changed overnight.

It does not necessarily mean that they sympathized with Nazi Germany and the horrifying ideology upon which it was built. It simply means that they tried to go on with their lives, to go to work, to make a living and to look for security and certainty in an uncertain and insecure world, which forced individuals and companies to make decisions that ended up supporting the

German war effort. Thus, it was an individual and a personal dilemma for each person, but with dire consequences for the rest of the world.

In that sense, what was in each individual case, perhaps, seemed like a rational decision, at the aggregate level was a disaster. Fallacy of composition was at play. Each individual from his or her own perspective may have behaved rationally, but the aggregate effect was the irrational and unwanted one to assist the German war machine. Peter Hayes has written that German industrialists at most asked themselves "what else could I do?" when they should have asked, "What must I under no circumstances do?"[5] I believe this statement applies to the occupied and the neutral countries as well.

Subsequently, people went on with their lives. And as Paul Sanders' contribution demonstrates, it was obviously both much easier and much less risky in Western than in Eastern Europe, where the treatment of citizens was considerably harsher.

Now, should this conduct be condemned in ethical terms? There is no denying that very few people and firms adhered to Kant's categorical imperative. However, if we condemn big business, then we must also condemn every single worker and every single subcontractor. If they knew that their employers produced for the Germans, and most of them did, they were just as guilty as the executives, precisely because it was a decision that each and every individual had to make on his own. But, of course, this individual dilemma must be seen in the general context of the time; and our present-day context also influences it and makes it even harder to analyse.

For the majority of people, who did not ideologically or politically support the Nazi regime, but who just wanted to make it through hard times, theirs was a prisoner's dilemma as Hein Klemann and Dirk Luyten point out in their contributions. It was a problem of coordination that was perhaps partly solved in Belgium, but not in the Netherlands, nor in Sweden, France, or Denmark. Further research into this problem may be fruitful. There were network externalities at play here. If one business leader on his own initiative opposed the Nazi regime, he would not stand a chance, but if all business leaders had opposed them, things might have been different. However, how could you coordinate this effort and avoid "free riding?" The risk was immense.

5. Hayes, Peter (2002). 'Industry under the Swastika', in James, Harold and Jakob Tanner (eds.) (2002), *Enterprise in the Period of Fascism in Europe*, Aldershot. Ashgate, pp. 26-37.

This problem is one of network externalities, related to business executive networks and infrastructure, and the infrastructure necessary to coordinate policies of trading with the enemy might indeed have existed, but it was hardly used. A word of caution, however: any time industrialists met to coordinate their actions during the interwar period it most often resulted in a cartel agreement, which may have been the only thing upon which they could agree.

As a result, should we condemn them? No. What purpose does it serve? What we should and must do, is to try to understand and to explain what happened and not to take part in the sort of storytelling or myth building that whole nations partook, from governments down to individuals, during the first three or more decades after the war. Moreover, in this context one of the important problems is to find the delicate demarcation line between what else these people could have done and what they should, under no circumstances, have done.

Perhaps a microhistorical approach to these problems could be useful? By focusing on the "abnormal" or unrepresentative case, the assignment of meaning and the construction of context as seen by contemporary actors, microhistory may be one interesting way to learn about the boundaries of what was possible for business leaders and what was not.[6]

In his paper on small companies in the Netherlands, Hein Klemann writes about ordinary people: "... it was essential that politicians guide them in the right direction." And most political leaders adopted the same attitude as most business executives: to go on with business as usual, go on with normal life and if that was not possible, to get through the war in one piece, to paraphrase Klemann.

To get the country, the firm, the employees, and the family through a period of great uncertainty and anxiety, as well as possible, had first priority. Furthermore, this strategy of survival involved some degree of cooperation with the enemy since the simple process of exchanging goods is based on cooperation and coordination. The difference in this particular and value-laden process was that market forces were by no means anonymous.

6. On microhistory, see for instance Ginzburg, Carlo (1989), *The Cheese and the Worms: the Cosmos of a Sixteenth-century Miller*, New York. Dorset; Levi, Giovanni (2001), "On Microhistory", in Burke, Peter (ed.) (2001), *New Perspectives on Historical Writing*, 2nd ed. University Park, PA, University of Pennsylvania Press. For the important concept of 'thick description', which the microhistorical approach uses, see Geertz, Clifford (1973). *The Interpretation of Cultures*. New York.

How do we, then, deal with the fact that in every single country – neutrals, occupied and occupiers' – there were individuals and companies that crossed the invisible line and were unable or unwilling to see what any human being should have been able to see? There is a grey area here that is difficult to define more precisely, but it goes without saying that there were companies that proactively utilized every opportunity to reduce costs and to increase market shares and profits, thereby, directly or indirectly, taking part in the Holocaust. By using slave labour, by taking over Jewish property at prices, if even paid, far below market price, their behaviour is much harder and much more painful to understand and rationalize.

Let us have a brief look at the German companies. Large corporations like *IG Farben*, *Mercedes* and *Deutsche Bank* more than exploited the opportunities that presented themselves with the German aggression.[7] Some went even further, seeking new opportunities for profit through exploiting slave labourers. Again, there was a delicate balance, and to ask the companies and their leaders to simply stop producing and liquidate their assets was not an option in any real sense. To expect such actions from contemporary people would be illusory and probably contradict "human nature" in the sense that the instinct of survival is a force with which to be reckoned. For most firms there were no other markets to conquer and no other actions to take. Furthermore, and equally important, this viewpoint can only be supported with the benefit of the hindsight.

This does not mean, however, that we do not need further research into this subject and more has already appeared.[8] More studies on the firm and industry level must be encouraged and a systematic approach utilizing, for instance, the insights of game theory and other social science methods seems to be an interesting, if not sufficient approach. Game theory may be applied interestingly to this area of research because the situation of citizens in Germany and occupied and neutral countries was basically a prisoner's dilemma: a situation of choice that had (unknown) consequences far beyond the person in question.

7. New research keeps appearing on the subject of the role of companies and banks. One recent contribution on the role of banks in Austria and Czechoslovakia is Ziegler, Dieter (ed.) (2001) *Banken und "Arisierungen" in Mitteleuropa während des Nationalsocialismus*, in Geld und Kapital. Jahrbuch der Gesellschaft für mitteleuropäische Banken- und Sparkassengeschichte, Stuttgart: Franz Steiner Verlag 2001.
8. See for instance Kobrak, Christopher and Per H. Hansen (eds.) (2004), *European Business, Dictatorship and Political Risk, 1920-1945*, New York, Berghahn Books.

In addition, in discussing the options available to individual business executives, shareholders and workers, we should not forget that there was an emotional and psychological aspect that must be included in our considerations. Few historians are equipped with the necessary knowledge to ask in depth questions on this topic. That does not change the fact, however, that business leaders, as well as many other people, were put under great psychological pressure during the war.

There were, of course, also companies who out of simple greed and cynicism – both altogether problematic concepts – supported the Nazi regime in ways that today seem incomprehensible: for instance, firms that produced Cyclon B for use in concentration camps or Deutsche Bank that financed production in the same concentration camps. There are, unfortunately, many more examples.

How should this behaviour be explained: in economic or in ideological, meaning political, terms? The old discussion appears in some of the articles of this book. The different behaviour of Nazi Germany in the East and the West respectively can only be explained in ideological or political terms. To the extent that economic and political goals contradicted each other, the primacy of politics won the game. To explain Nazi behaviour by the primacy of economics does not seem to correspond with a hypothesis of economically rational behaviour. However, that is not to say that the two goals were always in conflict. They were not.

Also, as Harm Schröter suggests in his paper and as much research demonstrates, the goals of German big business and the Nazi regime were not identical. Peter Hayes' latest book on Degussa seems to demonstrate this concept beyond any doubt.[9] Degussa earned huge profits from the production of Carbon Black, but the company and its executives had to submit to Nazi demands repeatedly. Moreover, they were forced to submit under threat of losing control of their company altogether. In Peter Hayes' words, they "were reduced from being drivers of the corporate bus to being mere fare collectors", which was the primacy of politics.[10] Degussa was forced to make investments

9. Hayes, Peter (2004), *From Cooperation to Complicity: Degussa in the Third Reich*, New York. Cambridge University Press.
10. Hayes, Peter (2004), 'Market Assessment and Domestic Political Risk: The Case of Degussa and Carbon Black in Nazi Germany, 1933-1939', in Kobrak, Christopher and Per H. Hansen (eds.) (2004), *European Business, Dictatorship and Political Risk, 1920-1945*, New York, Berghahn Books, pp. 62-77.

and other decisions that they did not want to make, not out of any ethical concern, but because they could not calculate the risk. Hayes himself characterizes the story about Degussa as an ironic one, in the sense that the production of Carbon Black and its associated expertise proved to be the basis of Degussa's post-war success.

Generalizing all companies into one group is not only simplistic, but also runs contrary to the evidence.

In the end, the question we have to ask and to answer is: how could it happen? How was it possible that business executives, who were very likely also loving fathers and husbands, willingly and knowingly, and more or less directly, ended up supporting the German war machine? This question touches, of course, once again upon the topic of politics and economics. How did businessmen or business elites view the Nazi plans of a New Order or a *Grossraumwirtschaft*? To be sure, no simple statement can be made about this idea because the communities of business elites were as divided on the subject as everybody else. What is probably clear, however, is that many businessmen of any standing longed for stability and firmness.

Uncertainty, as opposed to risk that can be calculated (at least in theory), does not suit business well, and since the First World War, uncertainty had been prevalent. Markets were not what they had been, and neither were politics. Nationalism and protectionism went hand in hand and the longing for a strong man took many business leaders in the wrong direction in their search for the good old days.

Professor Gerald Feldman has suggested that, "speaking in a politically correct manner must at some point lead to thinking in that manner as well." Nobody would suspect Feldman of being in favour of the linguistic turn, but his statement is an example of how language also constitutes social reality. There may be an important area for future research here, an area that Joachim Lund and Dirk Luyten, among others, are already addressing.

Even if one does not share the poststructuralist approach to language and reality, it seems to be hard to get around the results of linguistic research in the 20th century. There is sufficient research to show how language, narratives and framing influence cognition and take part in constituting social reality and peoples' thoughts and decisions.[11]

---

11. See for instance, Lakoff, George (1990), *Women, Fire, and Dangerous Things: What Categories Reveal about the Mind.* Chicago. University of Chicago Press; Lakoff, George and

In Germany, as Feldman has argued, businessmen adapted to the language of the Nazis, whether they sympathized with the ideas or not. And gradually German big business became so ensnared with the regime's bloody consciousness that pulling back was no longer an option, even if it had been considered.

The point that should be taken from the linguistic turn, without necessarily buying the whole idea, is that discourse matters. The way in which we speak about things matters. How would the Holocaust have been possible without the discursive distinction between Jews and Aryans, between "them" and "us"? Without this categorization and the language that created it, nationalism and National Socialism would not have been possible. Language preceded and went along with the atrocities. The dominating discourses were surely changing in the interwar period, as were political, social and economic structures.

To increase our understanding of how and why so many companies traded with the enemy a focus on business elite networks and their attitude towards the decline and fall of economic liberalism and currency stability, on the rise of the state, on protectionism and the workers' movement to political maturity must occur. And in this connection we should not forget that the post-1914 period, culminating in the international depression of the 1930s, was the most severe crisis of the capitalist system these people had experienced or of which they had knowledge.

Specific studies of individuals and their networks, of their actions and discourses cannot help but increase our knowledge of this problem. And here, too, it is of paramount importance to be aware of reality's open-ended nature. In most countries only a few businessmen shared the "visions" of the Nazi regime, but gradually they became enmeshed in the brutality and evil of the regime. Ordinary day-to-day business decisions accumulated, sending some companies in the wrong direction. Later they found themselves ensnared in the German war machine with no real opportunity for escape, which could be seen as a special sort of path dependence.

Surely it is one of the paradoxes of history that business executives longing for the economic liberalism of the pre-1914 period ended up, directly or indirectly, supporting totalitarian, autarchic regimes.

Mark Johnson (2003), *Metaphors We Live By*. 2nd ed. Chicago. University of Chicago Press. For a discussion of various approaches to framing, see Fisher, K. (1997), 'Locating Frames in the Discursive Universe', in *Sociological Research Online*, vol. 2. no. 3, <http://www.socresonline.org.uk/socresonline/2/3/4.html>

Collaboration was discussed intensely at the workshop out of which this book has grown, and the discussion is also present in the articles. What does collaboration mean, what is the semantic content of the concept, and why do we have these heated discussions? It is difficult to agree on the content of the concept and even more so because meaning changes over time.

According to Reinhart Koselleck the semantic content of concepts like collaboration cannot be fixed simply because it is inherently unstable and there is an ongoing semantic struggle over its meaning. Different groups try to singularize the meaning, which is precisely what was experienced at the workshop. But how can we discuss in a meaningful way a concept whose meaning is not stable? Nobody would claim, I think, that collaboration meant the same thing during the whole post-war period and across national and regional borders.

Discussing collaboration is our way of making sense of the world, but it is also an attempt at establishing hegemony by singularizing the meaning of the concept. It is not about the past, but about the present and the interpretation of the past. I suggest that the only way to get around this problem is to define, as precisely as possible, what we mean by collaboration in every single research project – that is in the specific context it is being used. There is far too much confusion arising out of lack of conceptual precision. Also, a study into the changing meaning of the concept of collaboration in its synchronic and diachronic dimensions would be extremely interesting and add immensely to our understanding of the historiography of the Nazi period.

As we know and as the articles in this book further underline, in some or all of the occupied countries in Western and Northern Europe political leaders essentially encouraged cooperation with the occupying power. And the business elite, longing for a strong man and uncertain about the outcome of the war, took the first steps toward cooperation – or collaboration – with the occupying power.

This statement is not an attempt to hide the fact that in every single country there were business leaders that sympathized with the Nazis and wanted a place in the *Grossraumwirtschaft*. But they were probably a minority within the large number of companies that continued with business as usual – even if the customer was a new one. And perhaps they are not as interesting as the many companies and executives who without subscribing to the political goals of Nazism nevertheless ended up supporting it and its war efforts.

The articles in this book are all part of a long overdue reckoning with history. In his contribution, Martin Fritz mentions the growing need in the occupied and neutral countries, in particular, to come to terms with their past. Ashamed or not, by their record during the war, most countries constructed and reconstructed a narrative of a people united in their active or passive resistance to the German occupation. There were clear boundaries between good and evil in most countries' dealing with their past.

Generations of school children were taught this narrative, and places of remembrance were invented and reinvented in all countries in order to shape the collective memory of the people. The articles in this book show that the case was the same in all countries.

The *Wirkungsgeschichte* of this grand narrative was, among other things, to create the basis for a collective trauma when it was slowly and painfully realized that there was a counter narrative. The story about the Danish, the Dutch, the Norwegian and even the neutral Swedes and Swiss during the war was not only a story about suffering, heroic resistance and a few collaborators, who got what they deserved anyway, it was a much more complex story that could not be painted in black and white only. Whether we should talk about a myth about to disappear is an open question. But surely there existed a grand narrative of the wartime period that essentially excluded, or did not consider in the same detail, all the small counter narratives. This *Wirkungsgeschichte* needs further research and consideration.

Of course, this broad picture also had consequences for the traditional view of the general economic conditions during the war. For many years the consensus about the economy and the allocation of incomes and goods, based on ignorance or even worse on the lack of any incentive to study it, was that the war and the occupation were unanimously bad things in economic terms. The national economies were supposed to have been considerably worse off during the war than before the war.

It would not have been hard to find examples of the opposite, but the various economic sectors were in general supposed to have suffered according to the grand narrative. Not all of them did. Even though Klemann in his article suggests that this was not the case in the Netherlands, I consider it beyond doubt that certain companies and branches in the neutral and some of the occupied countries did quite well.

But it is also very clear that one has to distinguish the occupied countries from each other. The Germans were much more interventionist in the Netherlands, Belgium, Norway, and France than in Denmark. Denmark seems to compare much better with Sweden as a neutral country. Perhaps one could categorize the different countries on a continuum based on the degree of German intervention. Sweden and Denmark would be on the one end, the Netherlands, Belgium and France at the centre and Eastern Europe at the other end.

Still, in spite of the most comprehensive regulation and uncertain institutional framework of economies probably ever seen, some producers and some skilled and unskilled workers enjoyed relatively prosperous times during the occupation in some Western and Northern European countries. There was no way that tight monetary and fiscal policies or maximum prices, on every conceivable product, and a restrictive policy of allocation of raw materials could change that fact.

From the contributions of this book it is clear that a comparison, in this sense, between the east and the west does not make sense. In other words we should not look at this situation in a centre/periphery context without taking into consideration the fact that Eastern Europe was devastated in material as well as human terms, while Western Europe and, particularly, Northern Europe managed quite well, given the conditions. Denmark, for instance, was an occupied country, but still the Danish population had a daily calorie intake that exceeded that of the Germans. Thus, if it does make sense to speak about a *Grossraumwirtschaft*, and I am not sure it does, the distinction within the periphery between East and West is imperative, and the primacy of politics is important in understanding this distinction.

Western European historians like to maintain that they are not surprised by the fact that the economies did better and that business firms behaved worse than we could have wished. Oh, we knew that all the time, seems to be the general attitude when confronted with the myth breaking research being done all over Europe in these years. But that does not explain why so few historians have actually tried to bring this vital information to the attention of a broader public. It seems that in some countries journalists, among historians a most despised occupation, were to begin the most welcomed counterattack against the grand narrative.

The articles in this book provide much new and important information. They all stress that Nazism and business behaviour should be understood in the larger context of the breakdown of the world, as contemporary people knew it. In other words the rise of totalitarian regimes and autarchy is incomprehensible if it is not seen in the context of the First World War, the end of economic liberalism and the advent of the great depression. In most countries, the state stepped in, but nowhere was this experience as marked as in the fascist regimes.

The perspective needs a further widening. In current research we miss references to the post-war period. As indicated, new interesting research questions could be posed concerning the *Wirkungsgeschichte* and *Begriffsgeschichte* of the war and central concepts. We also need a broader time perspective that not only looks at the Nazi period as a more or less isolated period, but also considers the effects of war and dictatorship on post-war societies.

Most historians would probably agree that it was the war that pulled the Western economies out of the great depression. But it should be clear that the significance of the war on post-war arrangements was much more wide-ranging than that. The consequences of the great depression, protectionism and other state intervention and the world war with its planning and regulation of every detail of the economy and of business were enormous.

The American economic historian Hugh Rockoff has remarked that,

> *"(...) the most long lasting legacy [of the war] may have been intellectual and institutional: a new macroeconomic regime which reshaped monetary and fiscal policy and profoundly influenced employment and inflation for decades afterwards."*[12]

Rockoff makes an important point, but as an economist he focuses at the macro level while the consequences of the war at the meta- and micro levels certainly were equally important. Thus, in our future research, we should address the consequences of the depression and war on post-war business structure, modernization, organization, business and the state, as well as business and European integration.

The time has long been ripe to progress from a research agenda limited to the war and the years preceding it to a more integrative research agenda that includes the period from the outbreak of the First World War to the post-war

12. Hugh Rockoff (1998), 'The United States: from ploughshares to swords', in Mark Harrison (ed.), The Economics of World War II. Six Great Powers in International Comparison. Cambridge, p. 18.

arrangements of business, integration and economic planning. At the same time, we need more knowledge about the central issues of relations between the Nazi dictatorship and business in Germany, as well as the occupied countries. The application of new methods and theories from the social sciences as well as the humanities may take us further in that direction.

List of Contributors

Robert Bohn, Dr.phil.habil., professor in modern history at Flensburg University, director of the Institut für Zeit- und Regionalgeschichte in Schleswig. He has published a number of books and articles on Germany and Northern Europe during the Second World War, including *Reichskommissariat Norwegen. "Nationalsozialistische Neuordnung" und Kriegswirtschaft* (2000); *Die deutsche Herrschaft in den „germanischen" Ländern* (1997) and *Neutralität und totalitäre Aggression. Nordeuropa und die Großmächte im Zweiten Weltkrieg* (ed., 1991).

Dietrich Eichholtz, Dr.rer.oec.habil., economic historian, 1955-1962 and 1966-1991 researcher and research group leader at the Akademie der Wissenschaften der DDR, 1962-1966 and 1984-1988 docent and honorary professor at the Ernst-Moritz-Arndt-Universität Greifswald, 1988-1992 professor at the Akademie der Wissenschaften zu Berlin, 1993-1995 professor at the Technische Universität Berlin. He is the author of *Geschichte der deutschen Kriegswirtschaft 1939-1945*, vol. I-III (1969-1996; reprint 1999 and 2003); *Deutsche Politik und rumänisches Öl (1938-1941)* (2005) and *Krieg um Öl. Ein Erdölimperium als deutsches Kriegsziel (1938-1943)* (2006), and he has edited several books on the Second World War, including *Der Weg in den Krieg* (1989) and *Anatomie des Krieges* (1969).

Martin Fritz, Fil.Dr., is professor at the Department of Economic History, Göteborg University. He has published several books and articles on Sweden's economic and industrial history, especially concerning the mining and steel industry and Sweden's economic relations to Germany during the Second World War. Martin Fritz is the author of *German Steel and Swedish Iron Ore 1939-1945* (1974). He has edited *The Adaptible Nation: Essays in Swedish Economy During the Second World War* (1982) and *SKF i stormaktspolitikens kraftfält: kullagerexporten 1943-1945; några samtida dokument* (1998; with Birgit Karlsson).

Per H. Hansen, Dr.Phil., is professor at the Center for Business History at Copenhagen Business School. He has published books and articles on financial history, the history of modern Danish furniture design, history and theory, and the economic history of Denmark during the German occupation. His publications include *European Business, Dictatorship and Political Risk: 1920-1945* (2004, edited with Christopher Kobrak), and "Business as Usual? The Danish Economy and Business during the German Occupation", in Harold James and Jakob Tanner (eds.), *Enter-*

prise in the Period of Fascism (2002). Per H. Hansen is a trustee of the Business History Conference, and on the editorial boards of Business History Review, and Management & Organizational History. He has been a visiting scholar at Rutgers University, Stockholm School of Economics, UC Berkeley, and the Alfred D. Chandler, Jr. International Visiting Scholar in Business History at Harvard Business School.

Hervé Joly, Ph.D., is researcher at the Centre national de la recherche scientifique (CNRS), located at the Laboratoire de recherche historique Rhône-Alpes (LARHRA) in Lyon (France). His publications focus on two main research topics: the social recruitment of French and German economic elite during the 20th century and their political and economic behaviour during the National Socialist and Vichy regimes. His main book is *Patrons d'Allemagne. Sociologie d'une élite industrielle* (1996), translated into German under the title *Großunternehmer in Deutschland* (1998). He is also the leader of a research network created by the CNRS examining French Enterprises during the German Occupation.

Hein A.M. Klemann, Ph.D., is a professor of Economic and Social History at the Erasmus University Rotterdam. He studied history at the Free University Amsterdam and economics at the Free University and the University of Amsterdam. His Ph.D. thesis about Dutch international economic relations in the 1930s, entitled *Between Reich and Empire*, was awarded the D.J. Veegens Prize from the Holland Society of Science. Hein Klemann is an hononary research fellow of the Netherlands Institute of War Documentation and as the author of *Nederland 1938-1948. Economie en samenleving in jaren van oorlog en bezetting* (2002) he is currently a specialist on the Dutch economy during the Second World War.

Joachim Lund, Ph.D., is associate professor at the Centre for European Cultural Studies at Copenhagen Business School. He has published a number of books and articles on Denmark's political, economic and business history in a European context in the first half of the 20th Century. He obtained his Ph.D. at the University of Copenhagen and published his findings in *Hitlers spisekammer* (2005). An English summary is given in "Denmark and the "European New Order", 1940-1942", *Contemporary European History* 13/3 (2004). He is the co-author of *Danmark besat* (2005).

Dirk Luyten, Dr., is senior researcher at the Centre for Historical Research and Documentation on War and Contemporary Society (Brussels) and visiting professor at Ghent University. He is a specialist in the history of the Belgian economy during the

Second World War, the post-war purge, corporatism and the Belgian system of industrial relations. Key publications are: "Belgian labour in World War II: strategies of survival, organisations and labour relations", *European Review of History* 7/2 (2000; with Rik Hemmerijckx); *Burgers boven elke verdenking? Vervolgingen van economische collaboratie in België na de Tweede Wereldoorlog* (1996) and *Ideologisch debat en politieke strijd over het corporatisme tijdens het interbellum in België* (1996).

Mogens Pelt, Dr.Phil., is associate professor at the Department of History at the University of Copenhagen. He has published a number of books and articles on international history in the 20th Century. Among these are *Tobacco, Arms And Politics: Greece and Germany from World Crisis to World War 1929-41* (1998), *Tying Greece to the West: US-West German-Greek Relations 1949-74* (2006), *Los Negocios de la Guerra: Armas Nazis para la Republica Espanola* (2005; with Morten Heiberg).

Paul Sanders obtained his Ph.D. from Cambridge University with a thesis on the black market in occupied France and Belgium. His research findings were published in France, under the title *Histoire du marché noir 1940-46* (2001). Following two years as a visiting lecturer at the *European Humanities University* and an advisor to the OSCE AMG in Minsk, Belarus, he served as deputy director of the *Central Registry of Information on Looted Cultural Property 1933-1945* in London. More recently he received an official commission from the Jersey Heritage Trust, to research another major piece of work, *The British Channel Islands under German Occupation 1940-45* (2005). Paul Sanders teaches at the Burgundy Business School in Dijon, France.

Harm G. Schröter obtained his Ph.D. in 1981 from the Department of History in Hamburg and his *Habilitation* from the Department of Economics at Freie Universität Berlin in 1992. He worked at the Universities of Berlin, Cologne, Freiberg, Kiel, Konstanz, and at the Norwegian School of Economics in Bergen, where he is now a professor of economic history. Harm G. Schröter has published on modern European economic and political history, and on the relations between state and the economy, cartels, multinational enterprise, the transfer of values and history of technology. He is Secretary of the EBHA (European Business History Association) and co-editor of *Scandinavian Economic History Review*. He is the author of *Außenpolitik und Wirtschaftsinteresse. Skandinavien im außenwirtschaftlichen Kalkül Deutschlands und Großbritanniens 1918-1939* (1983). His latest book is *Americanization of the European Economy. A compact survey of American economic influence in Europe since the 1880s* (2005).